D1856481

Der Autor

Clauss Vanderborg, Sternzeichen Fische, wurde 1962, «nur einen Steinwurf vom Oktoberfest entfernt», also in München, geboren. Ob besagter Stein ihn oder jemand anderen traf, ist nicht überliefert. Fest steht: Der Verfasser, der an den «wahren Universitäten des Lebens» studierte und nach Jahren selbständiger unternehmerischer Tätigkeit heute als freier Journalist und Sachbuchautor arbeitet, stellt seinen ausgeprägten Sinn für Satire und Valentinaden immer wieder (und nicht nur) in Buchform unter Beweis.

Wichtigste Veröffentlichungen: *Handbuch für Machos, Handbuch für Emanzen (*bei Heyne*), Das standesgemäße Extra für Opel-Fahrer (*bei Eichborn*).*

Sich selbst bezeichnet Vanderborg als Perfektionist. Um herauszufinden, wo die Seele ihren Sitz hat, begab er sich in höchste Gefahr (wenn auch ohne darin umzukommen). Er besuchte drei bundesdeutsche Esoterik-Messen, mehrere einschlägige Fachkongresse, diskutierte nächtelang mit Schamanen und modernen Hexen (oh, là, là!) und belegte schließlich ein «Seminar zur Ausbildung zum New Age-Seminar-Veranstalter». Trotz erfolgreichem Abschluß (so richtig mit Kinderpost-Zertifikat und -Siegel) gelobt der Autor, von seinen teuer erworbenen Kenntnissen nur gelegentlich und ausschließlich zum Nutzen des Lesers Gebrauch zu machen – etwa an dieser Stelle.

Clauss Vanderborg

DIE SEELE TICKT IM KLEINEN ZEH

New Age für Anfänger

Mit Illustrationen von
Gerald A. Mayerhofer

rororo
Rowohlt

rororo tomate
herausgegeben von Klaus Waller

Veröffentlicht im Rowohlt Taschenbuch Verlag GmbH,
Reinbek bei Hamburg, Dezember 1989
Originalausgabe
Copyright © 1989 by Rowohlt Taschenbuch Verlag GmbH,
Reinbek bei Hamburg
Umschlaggestaltung Peter Wippermann/Jürgen Kaffer
Umschlagillustration Gerald A. Mayerhofer
Bild des Autors (S. 2) © Günther Kribbel
Satz Century Schoolbook (Linotronic 500)
Gesamtherstellung Clausen & Bosse, Leck
Printed in Germany
680-ISBN 3 499 12609 5

INHALT

IHR WEG INS NEUE ZEITALTER

Liebe Freunde des Lichtes,

immer mehr Menschen erkennen den Irrsinn unserer bisherigen Lebensformen: atomare Hochrüstung, Ausbeutung der Natur bis zur totalen Umweltzerstörung, Unterdrückung von Minderheiten, Konsum um jeden Preis – so kann und darf es nicht weitergehen, wenn sich dereinst auch noch unsere Kindeskinder am blauen Planeten freuen sollen. Immer lauter werden die Stimmen der Mahner, einzuhalten mit dem Wahnsinn unserer Tage und statt dessen nach neuen, menschenfreundlicheren Wertvorstellungen zu suchen. Diese Mahnungen, denke ich, dürfen nicht länger ungehört bleiben.

Es ist auch höchste Zeit, denn unsere Erde, unsere Gesellschaft, wir alle sind krank. Zwar sagt der Lateiner: Curare humanum est, Heilen ist menschlich. Wo aber die Antiidiotika der Schulmedizin kläglich versagen, vermögen nur die Kräfte des Kosmos das Gleichgewicht der Dinge wiederherzustellen. Transformation ist der Weg dazu. Sie vermag das Gefühlsdefizit sowohl unter- als auch übergewichtiger Frauen auszugleichen, und sie kann Männern, die als Softies zur Welt gekommen oder von der Karriereleiter gepurzelt sind, wieder festen Halt geben.

Im Zeitalter des Wassermanns wird das Schicksal jedem, der sich bislang weigerte umzudenken, den Lernprozeß machen. Besser, Sie denken um, bevor Sie umgedacht werden!

Ziel dieses Buches ist denn auch, spirituelle Anfänger Schritt für Schritt in die vielen neuen und alten esoterischen Lebensformen einzuführen; sie u.a. die Integration dissoziierter psychophysiologischer Zustände, aber auch die Utilisation spontaner Trancezustände zu lehren. Viele von uns sind konfirmiert, aber auch positiv affirmiert?

Der new agende Mensch soll sich nicht sorgen, sondern leben, heben, streben, beben, weben, geben und schweben; er soll sich vollwertig ernähren und selbsterfahren, um der Kräfte des Alls teilhaftig zu werden; er soll die Macht der Sterne kennenlernen sowie durch aktiv gelebte Passivität zu einem neuen Dasein gelangen.

Sie finden, das alles klingt verdächtig nach Arbeit? Sie haben recht: Die Balance zwischen Körper, Geist und Seele zu finden, ist in der Tat nicht leicht. Aber für Ihre Einswerdung mit Erde und Kosmos benötigen Sie zunächst nicht mehr als eine gehörige Portion guten Willen, viel Zeit und etwas Talent zur Leichtgläubigkeit. Ach ja, zusätzlich ein bißchen Erspartes auf der hohen Kante könnte auch nichts schaden: Ein Blick in Ihre Kreditkarten zeigt mir, daß in nächster Zeit einige Ausgaben auf Sie zukommen.

Ihr Leidensweg erscheint Ihnen zu lang? Kein Problem: Ich kenne eine Abkürzung und verspreche Ihnen, Sie werden eine völlig andere Meinung über Esoterik

Der aktuelle New Age-Verbrauchertip

«Ach, Mutti, guck doch mal,
mein von malaisischen Dschungelbewohnern
handgewebter Sarong:
Hier und da, noch Flecken und Rückstände
von der letzten Farbtherapie.
So kann ich unmöglich ins Zen-Trum gehen!»

«Aber Kind, ich versteh das nicht, ich hab ihn
doch schonend mit ‹Zeitalter› gewaschen...»

«Ach was, Mutti, ‹Zeitalter›!
Lebst du hinterm Mond, oder was?
Jetzt gibt es doch das neue ‹Zeitalter›,
mit noch mehr Tiefenwirkung
und noch mehr Urfrische
für die große und kleine Gehirnwäsche,
plus integriertem Weichspüler!»

Ja, probieren auch Sie das neue «Zeitalter»:
20 % weniger Inhalt – 30 % höherer Preis.
Das neue «Zeitalter»:
Waschen mit der Urkraft des Universums!

und New Age haben, wenn Sie erst einmal alle Kapitel und Lektionen dieses Buches durchgearbeitet haben: Als ein eifriger Jünger meines Meisters, des großen Satirs,ist mir vor allem daran gelegen, Ihnen das unendlich frohe Lächeln der Erleuchtung auf die Lippen zu zaubern. Dieses Buch ist nicht zuletzt der mystomagische Repräsentant meiner – auch Ihrer? – transzendental-philosophischen Auffassung.

Für Ihre Lesearbeit wünsche ich Ihnen die Ruhe und die Kraft der laufenden Welle.

NEW AGE UND WAS DAHINTERSTECKT

WAS BEDEUTET NEW AGE?

Größte Schwierigkeit auf dem Weg zur Vergeistigung ist für viele Anhänger unserer Bewegung nicht der Weg selbst, sondern ihr Name: Was bedeutet das überhaupt, dieses seltsame «New Age»?

«Neues Zeitalter»? Danke, soweit reicht unser Englisch noch; nur, was steckt dahinter? Den Kappes von der Entwicklung eines «neuen Menschen» oder einer «neuen Weltordnung» kann man getrost vergessen: Das bedeutet New Age ganz bestimmt nicht. Schöne neue Menschen für eine schöne neue Welt zu entwickeln, das bleibt wohl auch in Zukunft Science-fiction-Literaten wie Aldous Huxley oder den Wissenschaftlern des Klon-Klans vorbehalten.

Erklärung Nummer 2: Himmelskundlern zufolge befindet sich unser Planet seit Mitte der sechziger Jahre im astrologischen Zeitalter des Wassermanns und wird es, weil der Umlauf der Erde durch den Tierkreis mit seinen insgesamt zwölf Tierkreiszeichen rund 26000 Jahre dauert, wohl noch eine ganze Weile bleiben. Aber deshalb die Epoche der geistigen Erneuerung «New Age» nennen, wo doch die Erde seit ihrem Bestehen mindestens 15000mal im Zeichen des Wassermanns stand? Etikettenschwindel wäre das.

NEW AGE
SUPER NEW AGE

Schließlich eine dritte, nicht minder gewagte Definition: «New Age» sei eine ins Englische übertragene Verballhornisierung von «Nu, ätsch!» – angeblich der Schlachtruf spöttischer Esoteriker, die materialistisch gesinnten Mitmenschen verbal ihre Überlegenheit kundtun wollen. Ach was: Erstens haben Esoteriker für Spott nichts übrig, und es, zweitens, nicht nötig, mit ihrer real existierenden Überlegenheit auch noch zu protzen. Die Geister aus dem Jenseits, die diesen Schmäh als Auskunft an die höflich anfragenden Leutchen aus dem Diesseits weitergaben, müssen von allen guten Geistern verlassen gewesen sein...

Nein, selbst auf die Gefahr hin, bei manchen Lesern eine Illusion zu zerstören, hier die Wahrheit: Der Begriff «New Age» ist in Wirklichkeit eine Erfindung amerikanischer Werbefachleute, die nach einem zugkräftigen Oberbegriff für die Vielzahl esoterisch angehauchter Produkte und Dienstleistungen ihrer Auftraggeber suchten. Hypnose, Müsli oder Wünschelrutengehen, das alles sind ja keineswegs Erfindungen unseres Jahrhunderts. Marketingexperten wissen nur zu gut, daß jede noch so erfolgreiche Masche von Zeit zu Zeit eine Imageauffrischung benötigt. Um also den Absatz bis über die Jahrtausendgrenze hinaus zu sichern, kreierte man für Esoterik, Spiritismus, Okkultismus, Meditation und Yoga einfach eine neue Verpackung und schuf eine Corporate Identity, damit's der Kunde leichter erkennt: Was sich seit Generationen im Non-Food-Bereich (z. B. Waschmittel) bewährt hat, brachte, wie wir wissen, auch im Non-Sense-Bereich Erfolg: Das New Age-Fieber greift um sich!

Außerdem, auf Industrie-, Atom- und Computer-Zeitalter mußte ja irgendwann mal was Neues folgen. Warum nicht das «neue» Zeitalter? Millionen von Menschen lassen sich alle paar Monate aufs neue einseifen, wenn ihnen die Werbung ein altes Produkt als «neu» verkaufen will. Nichts wirkt attraktiver, nichts verkaufsfördernder, als die Vokabel «neu».

Mal ehrlich: Würden Sie lieber in einem «Old Age» leben wollen? Sehen Sie. Also, Schluß mit der Geheimniskrämerei um die Bedeutung von «New Age».

WER WAR JOSEPH MURPHY?

Eine geistige Bewegung braucht natürlich auch einen geistigen Vater – als ihr solcher wird der 1981 verstorbene Joseph Murphy bezeichnet. Seine unzähligen Bücher rund ums große Thema «Du und deine Gedankenwelt» sind nach wie vor ein Muß für jeden ernsthaften New Age-Fan: Ganz gleich, ob es um «Ihre außersinnliche Kraft», «Die Macht Ihrer Gedanken» oder um «Ihr Super-Bewußtsein» geht, immer schien Murphy – wenigstens auf dem Papier – den «Schlüssel zu Gesundheit und Reichtum» in seinen Händen zu halten, führte er seine Leser durch «die richtige Anwendung der geistigen Gesetze» auf den «Weg zu innerer Sicherheit». Murphy verhieß uns allen «mehr Glück und Erfolg». Der dreifache Doktor – Murphy studierte Philosophie, Rechte und Religionswissenschaften – war beileibe kein Scharlatan: Die Gesamtauflage seiner Werke von über 30 Millionen Exemplaren beweist, daß Murphy sehr wohl wußte, worüber er vier Jahrzehnte lang schrieb.

Drei Thesen bildeten «die Grundlage allen Denkens und Handelns dieses weisen Mannes», wie Murphys Verleger Peter Erd in einer ergreifenden Laudatio auf seinen leider viel zu früh verblichenen «Hauptautor und Freund» schreibt:

«Ihr Denken und Fühlen bestimmt Ihr Schicksal. Was Sie mit Ihrem Verstand als wahr annehmen, das wird Ihr Unterbewußtsein produzieren. Sie formen, schneidern und gestalten Ihre Zukunft. Ihr Unterbewußtsein reproduziert Ihr gewohnheitsmäßiges Denken, täglich, stündlich – 24 Stunden am Tag.»

So ist das also im Neuen Zeitalter: Im Unterbewußtsein geht's hoch her; es herrscht Vollbeschäftigung für Denken und Fühlen. Während unser popeliger Verstand mit so unwichtigen Dingen wie Geldverdienen beschäftigt ist (immerhin kostet jedes der genannten Murphy-Bücher im Erd-Verlag 33 Mark), formt, schneidert und gestaltet es tief in uns drin vor sich hin, daß es eine wahre Freude ist. Wir lernen: Der vielzitierte innere Schweinehund ist gar keiner, sondern vielmehr ein innerer Designer, der am laufenden Band Gutes schafft. Was immer wir als «wahr annehmen», soll heißen: uns einbilden, es wird Wirklichkeit. Stimmt: Bing Crosby, ein Landsmann von Joseph Murphy, träumte einst von einer weißen Weihnacht, und siehe da: Es ward Weihnacht! (Crosby kann's nicht lassen, jedes Jahr um den 24. Dezember herum den gleichen Traum zu träumen.)

«Sie können sich über das Gesetz des Durchschnittserlebens und über das Massendenken der Erdbevölkerung erheben. Meditieren Sie über alles Wahre, Noble, Erhabene und Gottgleiche, und es wird sich mit Leben erfüllen.»

Dankbar nimmt die kleine Sekretärin und Murphy-Leserin diesen Ratschlag an, tut wie ihr geheißen und vergeht sich prompt gegen das «Gesetz des Durchschnittserlebens» (was immer das ist); und siehe, auch die fromme Buchhalter-Seele erhebt sich keck über das «Massendenken der Erdbevölkerung» (dito). Wenn jetzt noch jemand den beiden sagt – Murphy kann es ja leider nicht mehr –, was auf dieser Welt wirklich wahr, nobel, erhaben und gottgleich ist, so werden unsere zwei meditierenden Schöngeister bestimmt nicht zögern, es mit Leben zu erfüllen.

«Die Göttliche Intelligenz in Ihrem Inneren weiß, was zu tun ist und wie es getan wird. Ihr Anruf ist niemals vergeblich – Sie bekommen immer eine Antwort. Sie können sich selbst Gesundheit, Frieden, Überfluß und Sicherheit prophezeien, indem Sie sich diese Wahrheiten denkend und stark empfindend vergegenwärtigen. Sie werden feststellen, daß Ihre Zukunft die Manifestation Ihres augenblicklichen Denkens ist.»

Ja, wenn die göttliche Intelligenz nicht wär – uns bliebe nur die eigene (was wenig genug ist). Ein Anruf im Innern genügt, und alle (eigenen) Prophezeiungen werden wahr. («Nach Geschäftsschluß nimmt ein automatischer Anrufbeantworter Ihre Wünsche entgegen;

bitte sprechen Sie nach dem Signalton!») Erstaunlich, wie der alte Murphy seine Pappenheimer kannte: Überfluß wollen sie haben, diese Pharisäer, nicht zu vergessen Sicherheit (durch Dividende). Hat sich was mit Askese und Verzicht. Gesundheit und Frieden allein, das genügt eben nicht. Auf Spiritus folgt Überfluß, und nur wer sich diese Wahrheit stark empfindend vergegenwärtigt, wird im Leben glücklich & froh.

Zum Abschluß noch ein weiterer Satz Murphy:

«Sie haben die Wahl, erfolgreich, glücklich, froh und frei zu sein, oder …»

– oder was? Kein Oder. Buchautor Dr. Joseph Murphy wurde durch seine Arbeit all das: erfolgreich, glücklich, froh und frei. Geistvolle Bücher zu *schreiben* bringt mehr, als sie nur zu *lesen*. Wann nehmen Sie die Wahl an?

WIE WERDE ICH EINHEITLICH GANZHEITLICH?

Wer von uns wünscht sich nicht, wenigstens einmal in diesem Leben eine ganzkörperliche Totalitätserfahrung zu machen, überirdische Glücksgefühle zu verspüren und mit Körper, Seele und Geist zu einer Einheit zu verschmelzen? Das kann doch nicht so schwer sein, werden Sie denken; Bücher, die einem sagen, wie man's anstellen muß, gibt's ja genug* (nicht nur von Mr. Murphy). Doch leider, Theorie ist nur die eine Hälfte, die andere ist die Praxis. Und wo kriegt man die? Klar, auf Sitzungen und Vorträgen, in Lesungen, Konferenzen, Workshops und im Seminar.

Seminar ist, wenn viele Menschen einen bestimmten dafür bezahlen, ihnen etwas vorzutragen, was sie ihm hinterher nicht nachtragen. Nur Einheit schafft Ganzheit. Weil gar so viele der neuen Denkkultur teilhaftig werden wollen, sind die Spender esoterischer Philosophen vielerorts zu Rationalisierungsmaßnahmen gezwungen, um die enorme Nachfrage befriedigen zu können.

Apropos «zahlen»: Den Kleingläubigen unter den Lesern sei in Erinnerung gerufen, daß große Ziele großer Opfer bedürfen. Was sind ein paar Hundertmarkscheine (pro Person) gegen die tausendfachen Freuden, ein bewußtseinserweiterndes Seminar mitzuerleben? Dabei nehmen Meister und Meisterin Geld gar nicht so gern an, wie die Medien immer wieder behaupten. Sie tun es, weil das Teil des Lernprozesses ist, denn noch gehören Sie ja zu dieser unserer materialistisch orientierten Welt. Um in die höhere, spirituelle Sphäre hinüberwechseln zu können, müssen Sie soviel irdischen Ballast wie möglich abwerfen. Zudem ist auch das Immaterielle nicht umsonst zu haben: Werbung, Drucksachen, Fahrt- und Hotelkosten, alles will bezahlt sein. Und schließlich sollte man auch nicht vergessen, daß

* 1988 bezifferte der deutsche Buchhandel das Angebot an esoterischer Literatur auf rund 6000 Buchtitel, dazu etwa 2000 Tonkassetten und -schallplatten.

viele Veranstalter alles tun, um den Teilnehmern die lästige Mühe des Barzahlens abzunehmen und fällige Gebühren auf Wunsch gleich vom Bankkonto abbuchen – auch «drüben» muß alles seine Ordnung haben.

Es ist nicht gut, daß der Mensch allein sei, heißt es in der Bibel – das gilt auch und besonders für den einsam vor sich hin esoterisierenden Menschen. Wenn auch Sie nach der Weisheit des Neuen Zeitalters dürsten, so stillen Sie Ihren Durst möglichst in Gemeinschaft. Im Neuen Zeitalter ist der einzelne nichts, aber die Gemeinschaft alles: New Age-Jünger sind gesellige Wesen, die sich gern in Gruppen und Zirkeln zusammenschließen: Mal sehen, denkt Rainer, 42, ob man Dagmar, 24, nicht den einen oder anderen kosmischen Orgasmus verschaffen kann. Esoterik und Erotik gehören doch zusammen. (Und das «Ohm»- und «Ahm»-Singen macht im Chor mit anderen Gleichgesinnten viel mehr Spaß.)

WO HAT DIE SEELE IHREN SITZ?

«Lassen Sie der Seele Flügel wachsen», fordert Peter Lauster im Titel eines seiner erfolgreichsten Bücher. Der Mann hat gut schreiben: Ehe man dem Ding Flügel machen kann, muß man seiner erst mal habhaft werden. Wo steckt sie denn nur schon wieder, deine, meine, unsere Seele? Lange nicht gesehen. Hat der Mensch überhaupt eine Seele?

Die Realisten unter uns sagen nein. Ein paar Kilo

Fleisch und Knochen, der Rest Wasser – mehr ist für sie der Mensch nicht. Geht's eines Tages mit ihm zu Ende, ist's mit ihm zu Ende. Definitiv. Von wegen, Leben nach dem Tode! Es soll Leute geben, die kennen noch nicht mal ein Leben *vor* dem Tod!

Den Lesern dieses Buches dürfte diese Betrachtungsweise allzu nüchtern erscheinen. Verständlich: Wozu schlagen wir uns denn hier mit all dem New Age-Brimborium herum, wenn am Aschermittwoch eh alles aus und vorbei ist? Bitte beruhigen Sie sich.

Als ein am Esoterik-Boom nicht gerade schlecht verdienender Autor versichere ich Ihnen an Eides Statt: Der Mensch hat sehr wohl eine Seele. (Bloß gut, daß sie da drüben, im Jenseits, Meineidige nicht strafrechtlich verfolgen.)

Kann man nicht bei jedem beliebigen Seelenverkäufer ein solch Unbekanntes Flugobjekt käuflich erwerben, neu oder gebraucht? Und gibt es nicht Seelsorger, die für ihre Wartung und Instandsetzung zuständig sind? Bisweilen berichtet der Volksmund sogar von Leuten, in deren Brust gleich zwei Seelen wohnen sollen. Diese Behauptung dürfen wir, denen an diesem Thema liegt, nicht einfach seelenruhig hinnehmen.

Ich frage Sie: Woher will er den Wohnort der Seele eigentlich so genau kennen, unser ewig quasselnder Volksmund? Könnte die Seele nicht genausogut in trauter Wohngemeinschaft mit dem Gehirn eben genannter Realisten leben, ganz oben im Kopf, direkt unterm Dach juchhe? Oder, bei bodygebuildeten Damen und Herren, irgendwo zwischen Oberschenkel und Leistengegend? Wer weiß, möglicherweise vagabundiert sie auch ohne festen Wohnort in uns herum.

Doch schon der Begriff «wohnen» macht stutzig: Wohnen, das ist für ein so geheimnisumwittertes Ding doch ein ziemlich passiver Zustand. Was bedeutet denn schon Wohnen: herumsitzen, ab und zu mal ein bißchen Hausarbeit verrichten, sich zwischendurch von Pfarrer Sommerauer bequatschen zu lassen und ansonsten himmelhochjauchzende oder zu Tode betrübende Gefühle beim Wirtstier auslösen. Das kann doch nicht der Job einer gut funktionierenden Seele sein, oder?!

Ich bin überzeugt, die Seele ist ein echtes Kind unserer Zeit. Jung, dynamisch, unternehmungslustig; quadratisch, praktisch, gut. Seelen von heute wohnen oder hausen oder vagabundieren nicht einfach so herum. Sie sind nicht passiv, sondern, ganz im Gegenteil, überaus aktiv.

Hat sich nicht schon mal Ihr Innerstes zu Wort gemeldet oder sich auf die eine oder andere Weise bemerkbar gemacht? Vernahmen Sie nicht schon mal ein gewisses Geräusch, so ein Ticken, wie von einer Uhr? Ja?

Sie haben sich nicht geirrt: Es tickte wirklich. Nicht umsonst spricht der erfahrene Esoteriker von der «Uhr des Lebens», die freilich irgendwann für jeden von uns abläuft. Eine Uhr aber, die eine Unruh hat, tickt auch. (Sollten Sie japanischer oder sonstwie fernöstlicher Herkunft sein, könnten Sie eine Ausnahme bilden: Neuerdings kommen dort auch quarzbetriebene Seelen zum Einbau.)

Gleichgültig, ob sie nun wohnt oder tickt, unsere Seele; jetzt wollen Sie auch noch erfahren, in welcher Körperregion das freche Luder seinen Aufenthalt hat.

Yoga-Anhänger wissen längst, wo: Spätestens nach vier bis fünf Stunden, zugebracht in regloser Grundstellung, beginnt sich im linken oder rechten Fuß plötzlich etwas zu regen. Das kribbelt, das zappelt, das juckt und – das *tickt*! Mit einemmal wird Ihnen klar: Sie sitzt nicht im Kopf, nicht im Bauch und auch nicht in der Brust: Die Seele tickt im kleinen Zeh!

Ich hoffe, Ihnen mit diesen Angaben gedient zu haben.

DIE SIEBEN GOLDENEN NEW AGE-GESETZE

Seit ihrem Bestehen wird in der New Age-Szene eine Menge Kluges zu Papier gebracht. Doch nur weniges ist so bedeutend wie Dale Carnegies «Sorge dich nicht, lebe!»; ein Buch, das zu Recht seit vielen Monaten ganz oben in den amerikanischen und europäischen Bestseller-Listen rangiert. Mantra, Tantra, Fanta – nichts brachte und bringt Schreiberlingen mehr Gewinn, als den Menschen simple Lebensregeln zu diktieren und sie zu ermahnen, gefälligst auch danach zu leben.

Der Inhalt von Carnegies Schmöker war derart revolutionär, daß sich der farbige Sänger Bobby McFerrin berufen fühlte, den Soundtrack zum Buch beizusteuern: Sein «Don't worry, be happy!» gilt als *der* esoterische Ohrwurm des Sommers 1989. Bevor Sie aber nun einmal mehr Ihr schon ziemlich zerkratztes Exemplar dieser Platte auflegen und lauthals mitsingen, gilt es, sich noch ein wenig mit den Carnegieschen New Age-Gesetzen vertraut zu machen. Wäre doch gelacht, wenn der «Sorge dich nicht»-Zyklus, der das Leben der Autorin und das ihres Verlegers so positiv veränderte, nicht auch Ihr Leben positiv beeinflussen würde! Okay, ich gebe zu, Sie haben den weniger angenehmen Part – Sie müssen sich nach diesen Regeln richten…

2
1
3

1. SORGE DICH NICHT, LEBE!

Tagein, tagaus wuseln und stressen sie sich durchs Leben, die nur ans Geld denkenden Menschen in der westlichen Welt. Sicher, Sorgen und Probleme, die dringend einer Lösung bedürfen, haben sie zuhauf: Kann Mercedes-Benz den neuen SL noch vor 1995 liefern? Wird Madame Tessier ein Comeback mit ihrer «Astro-Show» gelingen? Und ob heute abend im Café Zauberer auch Herbert, der ganz unverschämt gut aussehende Seminarleiter, reinschneien und ein paar weise Sätze zum besten geben wird?

Sorge dich nicht, lieber erfolgreicher Mensch, *lebe* – so einfach lautet die Botschaft Dale Carnegies: Die Sterne werden es fügen, daß der ersehnte Daimler rechtzeitig angerollt kommt, genauso wie Madame Tessier noch mal den ARD-Programmdirektor breitschlagen und Beau Herbert ganz bestimmt und nur für dich aus seinem selbstgebastelten Liebes-Horoskop vorlesen wird – Nervensäge!

2. SORGE DICH NICHT, HEBE!

Vor allem eines gilt es in der guten, neuen Zeit zu heben: das Niveau. Genauer: das Niveau all unserer unwissenden Mitmenschen. Sie sind ja alle so schrecklich intolerant, diese Nicht-Spinner, diese Ungläubigen; sie, die von Esoterik keinen blassen Schimmer haben.

Wissen nicht, was sie tun. Glauben bloß, was sie sehen. Kaufen nur, was sie anfassen können – entsetzlich!

Abend für Abend hocken sie vor der Glotze oder quälen sich auf dem Tennisplatz ab, statt sich zu vergeistigen und sich oder andere zu verganzheitlichen. Die werden schon noch sehen, was ihnen ihr Desinteresse und ihr Spott an der Großen Lehre einbringt: Kommen nicht ins Nirwana, werden nicht erlöst und auch nicht wiedergeboren (und wenn doch, dann gewiß als völlig unbedeutendes Geschöpf der untersten Kategorie).

Sorge dich nicht über die Zukunft dieser Leute, sondern *hebe* ihr Niveau und erweitere ihren Gesichtskreis: Vielleicht wissen die Menschen um uns herum noch zu wenig über New Age und sind nur deshalb so skeptisch. Klären wir sie auf, indem wir ihnen bei jeder Gelegenheit von den Segnungen des Neuen Zeitalters vorschwärmen:

Von den Sternen, von Joseph Murphy, von der Urkraft der Seele, von Frau Carnegie und ihren hochinteressanten Büchern, und, und, und. Sollten Sie sich dann am Ende eines langen Arbeitstages allein auf weitem Hausflur wiederfinden, bedenken Sie bitte: Ein guter Monolog ist immer noch besser als gar kein Gespräch.

3. SORGE DICH NICHT, STREBE!

... und zwar nach Höherem! Denn wie heißt es schon bei Shakespeare: «Zwischen Himmel und Erde ist mehr, als sich eure Schulweisheit träumen läßt!» Gut gebrüllt, William: Wer nie im Glashaus saß, wird wahrscheinlich auch nie mit Steinen werfen; wer anderen keine Grube gräbt, kann selbst nicht hineinfallen; wer nicht A sagt, sollte gefälligst auch bei B die Klappe halten.

Sorge dich nicht, *strebe*: Der kurzsichtige Nichtsnutz aus der letzten Schulbank beginnt eine Lehre als Tellerwäscher, bricht sie noch vor der ersten Mittagspause erfolgreich ab, begibt sich sodann in die Wirtschaft, kommt nicht darin um, und wird – kaum sind 30 Jahre rum – Vorstandsvorsitzender eines großen Konzerns. Ende der Karriere: Was bleibt ihm jetzt noch zu tun? Memoiren schreiben – bei den lausigen Honoraren, die heutzutage für ein Manuskript bezahlt werden? In die Politik gehen – wo man noch mal ganz klein als Bundesfinanzminister anfangen müßte?

I wo! Just in diesem Augenblick springt ihm nämlich eine «Capital»-Reportage über transzendentale Atemtechniken ins Auge, und schon zeichnet sich an seinem geistigen Horizont ein neues Ziel ab, für das es sich zu streben lohnt: Könnte man nicht auch noch Vorsitzender bei der nächsten Internationalen Channeling-Konferenz werden?

Denkt, plant und führt es aus, und wird, nachdem ihn ein Herzinfarkt mitten im Rechenschaftsbericht des stellvertretenden Kassenwarts dahingerafft hat, stolzer Alleineigentümer des sechsten Himmels (den siebten packt er dann nach seinem nächsten Leben): Glückwunsch, du da oben, es hat sich also doch für dich gelohnt, gestrebt zu haben.

4. SORGE DICH NICHT, BEBE!

Wann haben Sie zuletzt gebebt? Nein, ich meine nicht vor Angst; ich meine vor Freude, Glück, tiefer Empfindung. Nur die totale Einswerdung mit sich selbst und den Kräften des Weltalls vermag den Menschen in absolute Seligkeit zu versetzen. Diese Seligkeit aber ist es, mit der die Veranstalter total befreiender Seminare Sie und andere bereichern – und von etwas überzähligen Scheinen befreien wollen.

Aber erst mal müssen Sie sich freimachen: zunächst von gewissen Vorurteilen gegenüber gewissen Formen des menschlichen Zusammenseins, aber auch von Ihrer Kleidung: Faserlos und fassungslos sollt ihr ins Licht des Kosmos blinzeln!

Aus diesem Grund bitten immer mehr Kursleiter immer mehr Kursteilnehmer, sich keine Umstände zu machen und einfach abzulegen. Nackt bebt sich's besser. Nun denken Sie bitte nicht, Seminare, bei denen Wert auf textilfreies Sinnieren und Meditieren gelegt wird, zielten nur auf Sex ab. Aber wollen Sie wirklich riskieren, daß Ihnen, sozusagen im schönsten Moment sorgenfreien Bebens, die Gürtelschnalle eines auf Ihnen liegenden Menschen in den Bauch pikt?

Sorge dich nicht, *bebe* – am besten rund um die Uhr. Sie können ja die Bürotür zumachen, falls sich prüde Kollegen an Ihren Pausenübungen stören.

5. SORGE DICH NICHT, WEBE!

Oma-so-lieb wußte noch um den meditativen Reiz, der von der Kunst des Webens ausgeht. Nicht zuletzt alter Mütter Sitte haben wir es zu verdanken, daß in unseren Schulen das ganze Jahr hindurch Ball verkehrt gefeiert wird, Mädels mit grobem Handwerken und Burschen mit feiner Handarbeit aufs feindliche Leben vorbereitet werden. Ist nicht die Emanzipation der Frau, die in ihrer Gnadenlosigkeit auch vor dem Schulunterricht nicht haltmacht, ein Produkt der New Age-Bewegung?

Sorge dich nicht, *webe* – webe Stoffe, webe Teppiche, webe, was du willst, aber webe! Bei den Hopi-Indianern – sie gelten als eine Art Nachrichtensprecher der geistigen Welt – weben auch die Männer, ja, vor allem die Männer, und sie sind ganz gewiß über den Zweifel erhaben, keine richtigen Kerle zu sein...

Ein ganz normaler Tag im Leben der Hopis neigt sich seinem Ende zu. Während sich die jungen Krieger einige mit gespaltener Zunge sprechende Bleichgesichter am Marterpfahl braten, webt Häuptling Hopi für das Pueblo, das er mit seiner Squaw, Madame Hopi, teilt, eine farbenprächtige Bettumrandung im aktuellen Manitou-Dessin, und ob ihr's glaubt oder nicht: Er fühlt sich kein bißchen softiemäßig dabei. Denn Big Chief Hopi weiß: Weben beruhigt die Nerven, verhilft zu einem Leben in Kontemplation und ermöglicht es, pünktlich zum Ersten die Miete fürs Reservat zu bezahlen, wenn die Abgesandten des Großen Weißen Vaters ins Lager strömen und Glasperlen und Feuerwasser gegen die allmonatliche Original-Hopi-Bettvorleger-Produktion eintauschen.

6. SORGE DICH NICHT, SCHWEBE!

Im Prä-New Age würde man noch gesagt haben: Sorge dich nicht, heb ab! Dieser an die komplizierte Mechanik eines Flugzeugs erinnernde Terminus ist jedoch im Neuen Zeitalter obsolet geworden. Um mal so richtig vom Alltag abzuheben, bedarf es keiner gleichwie gearteten technischen Hilfe. Wer mit den Kräften des Kosmos im Einklang lebt, schwebt wie von Geisterhand bewegt.

Glücklicherweise hat es das fliegende Personal der Zunft bisher ausgezeichnet verstanden, sich unverzüglich auszuklinken und das Schweben einzustellen, sobald auch nur eine versteckte Kamera in Sicht kam, die das geheimnisvolle Treiben in Ton und Bild einzufangen suchte. Wir berufsmäßigen Schweber werden uns hüten, der sensationsgeilen Öffentlichkeit einfach so etwas vorzuschweben. Vielmehr schwebt uns vor, die Gesellschaft mit Gimmicks wie diesen für New Age und das Drumherum-Brimborium zu interessieren. Schweben und schweben lassen: Bis ihr checkt, wie man richtig entschwebt, haben wir mit euren Seminargebühren längst unsere Ferienhäuschen nebst Pool im immer sonnigen Nirwana Beach finanziert!

7. SORGE DICH NICHT, GEBE!

Das siebte New Age-Gesetz korrespondiert in gewisser Weise mit dem vorherigen. Was nützt alles Sparen, wenn man am Ende doch nichts mit nach drüben nehmen kann. Drüben – der andere Teil von Deutschland ist mit dieser Vokabel ausnahmsweise nicht gemeint – zahlen sie nämlich bargeldlos.

Wer Einzug ins Neue Zeitalter halten will, muß auch bereit sein, einziehen zu lassen, nämlich die Kursbeiträge von seinem Konto. Die vielfältigen Versuche in der Menschheitsgeschichte, eine einzige große Religion zu installieren, sie alle scheiterten mangels elektronischer Vernetzung ihrer Anhänger.

Das hat sich, zum Glück, geändert: Zwar ist, wer sich heute als Individuum einer Gruppe von Individuen anschließt – mag sie noch so zahlreich sein –, keine Nummer mehr. Ist keine, hat aber eine. Fortschrittliche Veranstalter versehen jede Rechnung mit einer Kundennummer, aus der klipp und klar hervorgeht, wer seit wann und wie mit dem Unternehmen zu tun hat, welchen Geschlechts man oder frau ist, und vielleicht auch, wie's um die liebe Bonität bestellt ist.

Vorbei die dunklen Zeiten, da sich der Mensch noch

New Age
Tours

Der aktuelle New Age-Verbrauchertip

Leserreisen zu Pauschalpreisen mit NIRWANA-TOURS

Kommen Sie mit uns an die naturverlassenen Strände der Vergangenheit, Gegenwart und Zukunft des Massentourismus:

The Spirit of Mallorca **nur 1299,– DM**

Im Preis sind folgende Leistungen enthalten:

- Abmarsch von allen großen deutschen New Age-Zentren
- 10 Tage Vollhypnose
- Begrüßungs-Bobtail mit dem Vorsitzenden des örtlichen Hunde-Ahnenforscher-Vereins
- Unterbringung in komfortablen 20-Bett-Zimmern
- wahlweise Vorträge des indischen Meisters Dehli Njus oder Exkursionen zu den örtlichen Nacktbadestränden
- zu allen Mahlzeiten Kefir *ohne* Limit
- Tagesausflüge zum ICH
- Nachtausflüge zum DU Ihrer Reisebegleiterin

Es gelten unsere Jugendtarife (bis 65 Jahre).

selbst um fristgerechtes Geben und Nehmen sorgen mußte. Das New Age hat uns allen nicht nur besonders geistreiche Geschäftemacher beschert, es brachte auch besonders effektive Verwaltungsmaßnahmen hervor.

Sorge dich nicht, *gebe:* Einzahlungen und Überweisungen für Plätze an der Sonne nimmt jede Sparkasse oder Bankdienststelle entgegen.

KONSUM IM NEUEN ZEITALTER

RAMSCH VON RAMSES & CO: DIE POWER-PYRAMIDEN

Bestimmt vollbrachte ein so erstaunliches Volk wie die Ägypter nicht über dreitausend Jahre lang eine staunenswerte Kulturleistung nach der anderen, nur um der Nachwelt ein paar schöne Reiseziele für den Massentourismus sowie Stoff für ein gutes Dutzend amerikanischer Monumental-Schinken zu hinterlassen: Die gigantischen Grabstätten der Pharaonen, die Pyramiden, gelten zu Recht als eines der größten Weltwunder des Altertums, und noch heute, etwa 2500 Jahre nach dem Tod des letzten regierenden Pharaos, verströmen sie auf höchst profitable Weise ihre geheimnisvolle Magie.

«Cleopatra» Liz Taylor und «Cäsar» Richard Burton, allein in diesem Leben unzählige Male geschieden und doch immer wieder aufs neue verheiratet, können es bezeugen – der Aufenthalt nahe einer (auch nur fürs Filmstudio nachgebauten) Pyramide läßt sensitive Menschen das Walten magischer Kräfte erleben. In ihrem Bannkreis verstummen selbst wortreiche, honorargierige Rechtsanwälte; zerfallen schon besiegelte Scheidungsurkunden zu Staub; glänzen matt gewordene Eheringe wieder im versöhnenden Liebeslicht.

Nur für das Wunder dieser phantastischen Bauwerke

blinde Menschen sehen in ihnen lediglich eine frühgeschichtliche Arbeitsbeschaffungsmaßnahme für Zehntausende von stellungslosen Sklaven, die von ihren sozial eingestellten Herrschern von der Karawanenstraße weggeholt und in Maisbrot und Zwangsarbeit gesetzt wurden. Ihnen, die der Baukunst der alten Ägypter so skeptisch gegenüberstehen, sei jedoch die Frage gestellt, was schon Großartiges an den Gebäuden unserer Zeit ist, die einzig dem Zweck dienen, darin zu leben und zu arbeiten?! Hat soviel Funktionalität überhaupt noch Stil?

Wie anders die goldschweren Königinnen und Könige vom Nil: Sie scheuten keine Mühen und Kosten ihrer Untertanen, um zu Lebzeiten wenigstens das Richtfest jener Stätte erleben zu können, die sie einst (wenngleich nur in mumifiziertem Zustand) bewohnen würden. Allein für die berühmte Cheopspyramide mußten über 2600000 Steinblöcke, jeder zwischen 2 bis 20 Tonnen schwer, herbeigeschafft, bearbeitet und verbaut werden.

Und wozu das alles? Etwa nur, um den sterblichen Überresten der gottgesandten Oberhäupter – postum ihnen allen unsere demütige Verehrung: Köpfe in den Staub! – eine würdige Bleibe zu bieten? Nein. Dank ihrer übersinnlichen Fähigkeiten wußten sie, daß irgendwann ein Neues Zeitalter heraufziehen würde, in dem die Menschen, inzwischen ohne Glauben und völlig vom rechten esoterischen Weg abgekommen, die Kräfte der Pyramiden wiederentdecken und schätzen würden. Dieses Neue Zeitalter, liebe Freunde, ist, wie wir wissen, nun gekommen.

Sicher, man muß nicht als Dieter «Thomas» Heck zur

Welt gekommen sein, damit sich aus den Kräften der Pyramiden Gewinn ziehen läßt. Weil immer noch unklar ist, ob sie nun Grabstätten, Tempel, astronomische Beobachtungsposten oder schlichtweg Orte der Kraft gewesen sind, lassen die pyramidenähnlichen Gebilde, die es vielerorts zu kaufen gibt, zunächst alle möglichen Deutungen zu – und am Ende doch nur eine: Pyramiden erweitern die Möglichkeiten des Menschen, nämlich seine wirtschaftlichen.

So hält die Firma «Radiant Light» in München für die Freunde pyramidonaler Kräfte allerhand «Dome» bereit: Da gibt es beispielsweise das «Pyradome», ein «einzigartiges Hilfsmittel zur Entspannung» (vergeßt also Yoga, Meditation und all den anderen Kokolores). Ganz in unsere mobilitätssüchtige Zeit passend, verfügt das «Pyradome» über «transportable Energie» und ist «überall und jederzeit anwendbar». Was steckt dahinter?

Ein pyramidenförmiger Rahmen, bestehend aus einer «Orgonschicht» – Nickel, Stahl und Gold, «um einen stärkeren Energiefluß zu erzeugen» –, wird mit einer 24karätigen Goldschicht überzogen und mit einem hochkarätigen Preis versehen. Über den Kopf gestülpt, soll das «Pyradome» wie «eine Antenne für die drei wichtigsten, im Kopf befindlichen Energie- und Meditationszentren» wirken, welche die «kosmischen und elektromagnetischen Energien des Universums sammelt und zentriert» – vergleichbare Kräfte setzt allenfalls ein selbsterworbener Doktorhut frei.

Bei «Radiant Light» ist man zuversichtlich, daß «durch die Verwendung von Gold und dank der kraftvollen Pyramidenstruktur» jeder Käufer «jederzeit viel

Freude und positive Experimente erleben» kann; ist doch das «Pyradome» gut «10× stärker» als die sonst im Handel erhältlichen Pyramiden. Behauptet zumindest der «Radiant Light»-Prospekt.

Sie müssen nicht reich wie ein Pharao sein, und auch nicht 20 × so tief in die Tasche greifen, um das von derselben Firma angebotene «Firedome» («20× stärker»; erzeugt «den Negativ-Ioneneffekt, der unangenehme Gefühle in positive umwandelt») Ihr eigen zu nennen. Noch besser als «Pyradome» und «Firedome» wäre freilich das «Raydome», ist es doch «40× stärker» und «beeinflußt direkt das Alta-Major-Zentrum, verhilft zu einer Super-Konzentration und zu einer Verringerung des Appetits». Und wem auch das noch nicht genügt, dem sei die Anschaffung eines «Powerdome» ans Herz gelegt: «100× stärker» als die zuvor genannten Pyramiden-Epigonen, erzeugt es «eine Vibration, die den Körper in seiner peristalistischen Funktion unterstützt» – wußten Sie überhaupt, daß solche Dinge in Ihrem Körper vorgehen?

Doch es gibt noch eine andere Möglichkeit, von der Kraft der Pyramiden zu partizipieren. So berichtet der Apotheker Bernhard Hoffmann (8164 Hausham) in seinem «Sonder-Info» in der Diktion mittelalterlicher Alchemisten über seine Erfahrungen mit der fremden Kraft:

«Da ich vor geraumer Zeit das Lebenselixier von Nostradamus in eine neue Form bringen wollte, kam mir dieser Pyramidenaspekt der aufbauenden, aufladenden und verstärkenden Wirkung sehr gelegen. Ich habe damit experimentiert und eine deutliche Wirkungssteigerung

festgestellt. Ebenso positiv war der Effekt bei anderen homöopathischen und spagyrischen Komplexmitteln, mit denen ich Versuche gemacht habe. So war es nur mehr eine Frage der Zeit, bis ich auf die Idee kam, diese Pyramidenschwingung auch äußerlich anzuwenden. So entstand ‹Bernhard Hoffmann's dynamisierte Cosmetic›. Hochwertige Öle und Grundstoffe, kombiniert mit der Pyramidenenergie, sollen helfen, die strapazierte und empfindliche Haut gesund zu erhalten.»

Ob wohl Ramses & Co diese Spätfolgen ihrer Architektur geahnt haben? Wir wissen es nicht. Doch wüßten sie, was aus ihren «bizarren Wegweisern für Besucher aus dem All» (Däniken), die doch nichts weiter als «spitzzackige, den Rauminhalt nur schlecht ausnutzende Bauwerke» (Vanderborg) sind, im 20. Jahrhundert geworden ist, sie würden sich im Sarkophag umdrehen: Da müssen ihre Pyramiden herhalten als Kraftverstärker für biologische Kosmetika, als appetitzügelnder Kopfschmuck, als vergoldete Konzentrationshilfe und kosmische Vibratoren – kein Wunder, daß die Bauherren und -damen ihre großen und kleinen Geheimnisse (und vor allem: die Konstruktionszeichnungen) in weiser Voraussicht mit ins Grab nahmen.

Nicht so die Baukünstler unserer Tage. Deren Pläne werden sorgsam numeriert und archiviert. Die esoterische Industrie weiß, warum: merkantile Vorsorge für das Fische-Zeitalter. Es spricht also nichts dagegen, daß es in, sagen wir, 2500 Jahren auch geheimnisvolle Kräfte ausstrahlende Miniaturausgaben des Münchener Olympiaturmes oder des Rhein-Main-Donau-Kanals geben wird. Und eines ist sicher: Über Sinn und

Unsinn des letztgenannten Bauwerkes werden spätere Generationen ebenso rätseln, wie wir heute über die Pyramiden.

IM STEIN LIEGT WAHRHEIT: DIE GEHEIMNISVOLLEN KRÄFTE DER EDELSTEINE

Zu Beginn dieses Kapitels möchte ich Ihnen eine sehr persönliche Frage stellen: Wie schützen Sie sich eigentlich gegen Unglück, Krankheit und böse Geister? Besitzen Sie einen solchen Gefahren trotzenden, darüber hinaus das Geistesleben beflügelnden Talisman? Oder verlassen Sie sich in dieser Beziehung einfach auf den saugnapfbewehrten Pumuckl in Ihrem Auto? Ein solches Maskottchen vermag Sie höchstens vor den unsäglichen TV-Bayern-Klischees des ewig volkstümelnden Meister Eder/Gustl Bayrhammer zu behüten. Das ist, gesetzt den Fall, Ihre Wege kreuzen sich eines Tages, gewiß kein geringer Schutz. Aber ob das ausreicht?

Die Magie der Edelsteine, den Menschen seit Jahrtausenden bekannt und jetzt, im Neuen Zeitalter, wiederentdeckt, gewährt Ihnen mit ihren geheimnisvollen Kräften wirksamen Sofort-Schutz. Wie eine Rechtschutzversicherung wehren Edelsteine allerlei Ungemach von Ihnen ab, machen Ihnen gewisse Leute geneigt und etwaige Widersacher, nun ja, sagen wir: unschädlich. Mit einem *kostbaren* Edelstein, als Amulett um den Hals getragen, kann Ihnen selbstverständlich auch die Pest nichts mehr anhaben. (Und wie viele Menschen raffte die Geißel Gottes einst dahin!)

Freilich, es wäre töricht zu glauben, ein Edelstein allein könnte gegen alle nur denkbaren Gefahren schützen. Das wäre denn doch zuviel verlangt. Was soll beispielsweise so ein kleiner, unschuldiger Rosenquarz gegen den brutalen Verursacher eines blauen Veilchens ausrichten? Und dann darf auch nicht übersehen werden, daß für jeden Wochentag ein ganz bestimmter Edelstein erforderlich ist. Die Firma Esogem, Bad Berneck («Ihr Partner für Geo-Esoterik»), verrät, welche:

Montag (Tag des Mondes) – weiße Steine (Mondstein, Perlen);

Dienstag (Tag des Mars) – rote Steine (Rubin, Granat);

Mittwoch (Tag des Merkur) – blaue Steine (Türkis, Saphir, Lapislazuli);

Donnerstag (Tag des Jupiter) – purpurne und violette Steine (Amethyst);

Freitag (Tag der Venus) – grüne Steine (Smaragd, Malachit);

Samstag (Tag des Saturn) – Diamant und alle schwarzen Steine;

Sonntag (Tag der Sonne) – gelbe und goldgelbe Steine (Bernstein, Goldtopas).

Während all diese Steine für kleines Geld zu haben sind, kommt die «Esogem-Pyramide», sozusagen der irdische Akku zum Aufladen der Talismane mit kosmischer Kraft, etwas teurer: Ab 44 Mark aufwärts verpaßt sie Ihrer Steine-Kollektion eine Extra-Dosis Glück.

Jetzt wissen Sie auch, warum die Profi-Esoteriker

Der aktuelle New Age-Verbrauchertip

Sitzen wie Bhagwan in Indien…

…mit dem praktischen Meditationsstuhl «Kosmos» von Neues Sitzen, Hamburg. In früherer Zeit fertigten wir Folterbänke und andere Möbel für Zahnarztpraxen. Heute stehen unsere hochwertigen Produkte einem breiteren Publikum zur Verfügung.

Nutzen Sie unsere Erfahrung. Wir haben schließlich lang genug für Sie gesessen. Nehmen Sie Platz in Ihrem Leben – aber richtig. Bereits unser Einsteigermodell «Kosmos 2001» bietet Komfort und Sicherheit für viele Stunden der Meditation. Durch die körpergerechte Formgestaltung von Sitzlehne und -fläche befinden sich Hüftgelenk und Oberschenkel stets in einem Wiedereintrittswinkel zur Erde von exakt 70°. Bequemer können Sie bewußtes Sitzen nicht erleben!

unter uns so große Autos fahren. Nicht weil sie großes Geld mit kleinen Steinen machen und Eindruck schinden wollen. Sie brauchen nur viel Platz für all ihre mineralisch-kosmischen Begleiter, die abrufbereit im Kofferraum warten: Dieser gegen die bohrenden Fragen der Journalisten dort drüben, jener gegen den argwöhnischen Steuerprüfer zu Hause, dieser gegen...

SCHÖNER SCHEIN UND HELLE FREUDE: ES WERDE BIO-LICHT

Der Versuch, ganzheitlich zu leben, darf sich, soll er von Erfolg gekrönt sein, nicht in Meditationen, Ausflügen zum Mittelpunkt der Seele und der fleißigen Anwendung des «Sorge dich nicht»-Prinzips erschöpfen. Zu einem konsequent ganzheitlichen Dasein gehören noch viele andere Techniken und Gegenstände, die ein guter Esoteriker beherrschen beziehungsweise besitzen sollte.

Nehmen wir als Beispiel nur einmal Ihre Wohnung oder Ihr Haus. Was machen Sie, wenn's darin dunkel ist? Richtig, Sie knipsen das Licht an. Nur, was ist das für ein Licht, das da von der Zimmerdecke strahlt? Jedenfalls elektrisches und damit ungesundes, weil künstliches Licht. Ihr bisher so sorgloser Umgang mit diesem Ur-Lebenselement weist Sie leider als einen New Age-Anfänger aus. Denn Licht ist nicht gleich Licht, und schon gar nicht einfach nur künstlich erzeugte Helligkeit, die man in beliebig starker Dosierung abrufen kann. Licht ist, wie Sie gleich erfahren werden, mehr!

Gerold Kurz von Schmeling in 8261 Winhöring handelt mit «gesundem Licht»; mit «Bio-Licht», um genau zu sein. «Licht», so schreibt der Beleuchter des Neuen Zeitalters in seinem zehnseitigen, bescheiden «Kurz-Info» genannten Prospekt, «Licht bestimmt Werden und Vergehen, steuert alle Lebensvorgänge, reguliert die Hormone, das Zentralnervensystem und den gesamten Zellstoffwechsel. Licht bestimmt unsere Gesunderhaltung und Wiedergesundung, unser Wohlbefinden und unsere Stimmungslage, unser Leistungsvermögen, unsere Lernfähigkeit und nicht zuletzt auch unser Sehvermögen.»

Uff, und Sie dachten, Licht sei lediglich das Gegenteil von Nicht-Licht. Weit gefehlt! Wer als Esoteriker gesund leben (und streben, heben, beben, geben usw.) will, der sollte wissen, daß das «einseitig manipulierte Kunstlicht», wie man es überall antrifft, kein besonders gutes Licht auf uns Erleuchtete wirft. Gerold Kurz von Schmelings Forderung lautet daher, nach Luft, Erde, Wasser und Nahrung «nicht auch noch das Licht zu verschmutzen» – haltet unsere Lampen rein? Nein, vielmehr grünes Licht für die «True Lite»-Leuchte, die der «Nachvollziehung des natürlichen Tageslicht-Vollspektrums» dient. Licht ist schließlich «eine Frage der Licht-Qualität».

In den Vereinigten Staaten gelten «True Lite»-(Echt-Licht-)Lampen sogar als Heilmittel (zum Beispiel zur Heilung von Depressionen). Einleuchtend, daß herkömmliche Funzeln mit dem gesunden «Bio-Licht»

schwerlich konkurrieren können. Die taugen höchstens zum Beleuchten von Räumen.

An seinem Stand auf der «Esoterik '88» im Münchener Regina-Haus demonstrierte von Schmeling denn auch den Unterschied: Die Leuchtstoff-Röhre «Global» des schwedischen Einrichtungshauses IKEA ist zwar ungleich billiger als die «True Lite»-Tischleuchte «Longa», dafür erzeugt sie auch nicht deren farbneutralen, *gesunden* Schein. Schade nur, daß von Schmeling in seinem Angebot nicht auch Bio-Stühle führt. In München mußte der Verfechter des Bio-Lichts jedenfalls stundenlang auf einem der bestimmt sehr ungesunden «Ted»-Klappstühle sitzen. Die stammen übrigens auch von IKEA...

NEW AGE-KOSMETIK: ESOTERISCH UND ÄTHERISCH INS NEUE ZEITALTER

Wer sagt denn, daß mit der geistigen Umorientierung auch ein Verzicht auf liebgewordene Gewohnheiten einhergehen muß? Wer ein duftes Neues Zeitalter erleben will, darf sich nicht nur affirmieren – Er und Sie müssen sich auch entsprechend parfümieren. Biologische Ganzheitskosmetik statt chemische Halbheitspflege, heißt die Devise.

Es versteht sich wohl von selbst, daß ernsthafte Esoteriker/innen nur hochwertige Essenzen an ihren

Astralleib lassen. Besonders beliebt (und teuer) sind ätherische Öle; durch aufwendige Verfahren gewonnene Duftstoffe, die über die Atmung und die Haut wirken. Ihre Aufgabe ist es, nicht nur einzelne Organe, sondern den gesamten Organismus zu stärken und tief in der Psyche schlummernde Selbstheilungskräfte aus dem Schlaf zu trommeln. Wer hätte ähnliche Fähigkeiten bei seiner bisher verwendeten Duftserie beobachtet?

Ätherische Öle sind wie die Menschen, die sie benutzen: hochkonzentriert. Deshalb sollen sie auch nur verdünnt und in sehr geringen Mengen verabreicht werden – andernfalls drohen Gesundheitsschäden. (Warnungen wie diese haben Sie ja schon in den Wind geschlagen, als Ihr Hausarzt Sie noch vor ganz anderen Flüssigkeiten zu bewahren versuchte.)

Die Besonderheit der ätherischen Öle unterstreicht nicht zuletzt die Philosophie, die hinter jedem Duft steht. Herbert Theleskläf (8000 München 81), der mit «lebensfreundlichen Produkten» schwunghaften Handel treibt, läßt uns auf (s)eine sehr ätherisch-poetische Art wissen, was es mit seinem Artikel «Red Rose Oil» auf sich hat:

«Durch das Erwecken unserer frühesten Erinnerungen an das Leben auf Erden, symbolisiert die Rote Rose die Freude genauso, wie den dornenvollen Schmerz des Verweilens in der Materie. Unser Lebensweg leitet uns zu lieben, während wir wieder himmelwärts wachsen, wie die Rosen.»

Diese wirklich poetische Definition eines prosaischen Duftes verdient einen Kommentar. Wohl jeder von uns hat noch Erinnerungen an das schmerzhafte Gefühl des Verweilens eines Rosendorns in der Materie eines seiner Finger. Obwohl man in solchen Momenten nur liebevolle Gedanken hegt, stellt sich einem doch die Frage, ob es gut ist, diesen vermaledeiten Rosenstrauch weiterhin ungestraft himmelwärts wachsen zu lassen. (Wo doch schon ein paar Tropfen hochraffinierten, vollsynthetischen Motoröls ausreichen würden, um dornenvolle Schmerzen in Zukunft zu vermeiden.) Plastikrosen sind ja auch was Schönes.

Nochmals ein Stück Originalton Herbert Theleklaf:

«Das ‹Red Rose Oil› von Omar ist ein wunderbarer Herzbalsam. Es kann direkt auf das Herzzentrum gegeben werden. Es ist wiederbelebend und sorgt dafür, daß geistige Impulse durch tiefen Kontakt mit der Welt der Wirklichkeit wachsen. Es spricht die Kraft der Liebe an.»

Mit einem solch feinfühligen Text können eigentlich nur siebengescheite Germanisten oder New Age-Ignoranten Probleme haben. Ist doch klar, was Herbert uns sagen will: Die Ammoniak-Lavendel-Riech-Ampullen in den Verbandskästen unserer Vorfahren gehören endgültig der Vergangenheit an. Man träufele einem Herzkranken nur ein paar Tropfen «Red Rose Oil» auf sein «Herzzentrum», schon entfaltet sich ein Aroma, das sogar klinisch Tote wieder zum Leben erweckt (s. a. «Wiedergeburt»). Sollten dann noch irgendwelche geistigen Impulse vorhanden sein, werden sie nach erfolgter Wiederbelebung bestimmt nichts Besseres zu tun haben, als umgehend in tiefen Kontakt mit der Welt der Wirklichkeit zu treten. Daß das Rote-Rosen-Öl (assoziiere: «Rotes Kreuz») auch noch die Kraft der Liebe anspricht (und nicht etwa umgekehrt), ist schlichtweg die Krönung dieser letzten Stunde.

Wie gut, daß die weltweite New Age-Industrie nie um profitable Produktideen wie diese verlegen ist und daß sie das weite Feld Kosmetika nicht unbestellt ließ. Den Spürnasen der Branche haben wir jede Menge deoklassizistischer Duftschöpfungen zu verdanken, zum Beispiel Eau de Toilette mit dem herben Odeur ägyptischen Tempelweihrauchs, Parfum «Meditation» und «Harmony» (jeweils im Flakon mit Glasschliffstöpsel), After Shave «Mars» und «Eros», Body-Lotion «Honey Dew», Duschgel, «Trishakti»...

LAUTSTARK IM WELTRAUM: KLANGKUGELN UND TON-VITAMINE

Bei all dem Lärm, der uns Tag und Nacht auf diesem Planeten umtost, könnte man glauben, daß jeder Mensch sich nichts sehnlicher wünscht, als seinen armen malträtierten Ohren für ein paar Stunden absolute Ruhe zu verschaffen. Überzeugte Esoteriker wünschen sich das auch, doch sie entspannen ihr Gehör auf

neuzeitgemäße Weise: Obwohl gerade sie um die Köstlichkeit totaler Stille wissen, lieben sie die Wirkung wohltemperierter, harmonisch organisierter Geräusche – Musik!

Die Rede ist dabei nicht von jenem synthetischen, pseudosphärischen Gedudel vieler Esoterik-Tonkünstler, deren austauschbare Erzeugnisse in den meisten Fällen von ein und demselben Computerprogramm abstammen. Vielmehr geht es um ein weiteres sinnvolles Produkt der prosperierenden New Age-Industrie: Haben Sie schon einmal etwas von «Klangkugeln» gehört?

Diese «Celestial Spheres» sind im Grunde eine chinesische Erfindung und, wie der deutsche Vertrieb «Godo-Products», Schliersee, in seinem Werbeprospekt schreibt, «mit ihrem feinen Läuten aktive Glücksbringer und klingende Begleiter, ein ‹Ton-Vitamin› für Ihr Wohlbefinden»: pling-plong, pling-plang. (Die Herren Deuter und Kitaro schließen bereits frustriert ihre pompösen Keyboard-Burgen.)

Die Anwendung der Klangkugeln ist kinderleicht. Einfach in der Handinnenfläche hin und her rollen, schon ertönt reinster Wohlklang: pling-plong, pling-plang! Sie benötigen weder Kabel noch Lautsprecher – Klangkugeln erzeugen ihr New Age-Hi-Fi ohne jeglichen technischen Firlefanz.

Nun wäre ein Esoteriker kein solcher, gäbe er (oder sie) sich mit billigem Tand zufrieden. Schließlich ist man aufgebrochen, um neue Werte zu entdecken. Damit sich beim Käufer das rechte Wertgefühl einstellt, ist der Metallkern der «Ton-Vitamine» bereits in der Grundausstattung mit einer Schicht echten Sterling-Silbers überzogen. (Auf Wunsch ist auch eine 18karä-

Der aktuelle New Age-Verbrauchertip

Lieber Leser,
an dieser Stelle war ein 22 Meter hoher

PAPACHO-BAUM

beigeklebt, aus dessen Rinde die Medizinmänner der Suarani-Indianer seit Jahrhunderten einen besonders wirksamen Tee zur Heilbehandlung bereiten. Dieser Tee hilft unter anderem gegen Stress, Reizbarkeit, Nervosität und Haarausfall, kurzum, gegen all die Widrigkeiten, die bei einem Leben fernab der Zivilisation im südamerikanischen Urwald auftreten können.

Ab sofort steht dieses köstliche Getränk auch europäischen Teefreunden zur Verfügung. Jetzt muß niemand mehr Einladungen seiner Bekannten zum Tee mit gleicher Minze heimzahlen!

Auf Wunsch übersenden wir Ihnen gerne Ihr ganz persönliches Exemplar eines Papacho-Baumes, unverbindlich und für 14 Tage zur Ansicht.

Schreiben Sie einfach an:
Papacho-Baumrinden Vertrieb Int.
German Division
Postfach
9989 Nuätsch

tige, feingoldplattierte Ausführung erhältlich.) Eine Klangkugel ist somit nicht nur «vollendete Form und Essenz der Dritten Dimension», sondern auch Musikquelle, Schmuckstück und Glücksbringer in einem.

Noch ist die weltweite Verbreitung der Klangkugeln Zukunftsmusik. Aber eines Tages, wenn die Menschheit die Wichtigkeit solcher Ton-Vitamine eingesehen und gelernt hat, auf geträllerte Liebes-Botschaften mit viel Shalala und noch mehr Schubidu zu verzichten, werden die kleinen runden Dinger die herkömmlichen Tonträger ablösen und das Neue Zeitalter akustisch illustrieren.

Ich glaube, Sie und ich, wir beide haben dieselbe Vision: Auf der ganzen Welt klangkugeln sich die Menschen – pling-plong, pling-plang – vor Harmonie und Wohlbefinden. Ließ sich früher über Musikgeschmack streiten, so diskutieren Musikkritiker ab jetzt allenfalls noch über die klangbeeinflussenden Unterschiede von Gold und Silber: pling-plong, pling-plang; pling-plong, pling-plang …

EINFÜHRUNG IN DIE PRAKTISCHE ESOTERIK

WIEDERGEBURT: ALLE SCHON MAL DAGEWESEN

Die meisten New Age-Lehren enthalten auch eine Aufforderung zu rücksichtsvollerem Umgang mit der Natur. Keine Flaschen und kein Papier mehr wegzuwerfen, ist dabei das mindeste, was New Age-Fans – und nicht nur solche – für die Umwelt tun können. Verpackungsmüll soll tunlichst nicht auf der Halde landen, sondern in Containern gesammelt und der Wiederaufbereitung zugeführt werden. Erst wenn nichts mehr weggeworfen wird, schließt sich der Kreislauf: Produktion – Konsum – Aufbereitung – neuerliche Produktion.

Es liegt nahe, daß das, was Papier und Flaschen erhält, auch beim Menschen funktioniert: Hülle kaputt, aber Seele intakt? Da gibt's für die Schöpfung nur eins: Aufbereiten, und zwar schleunigst! Ein so kompliziertes System, wie es der Mensch zweifellos darstellt, das packt man doch nach Ablauf des Haltbarkeitsdatums nicht einfach in einen häßlichen, sargähnlichen Container, verbuddelt oder verbrennt das Ganze und flüstert tief ergriffen: «Sorry, aber das war's!» Dazu ist der Mensch viel zu *einzigartig* und ein viel zu *wertvolles* Geschöpf! Was könnte also ein rationell arbeitendes Schicksal vernünftigeres tun, als mit dem aufwendig konstruierten Wesen Mensch Seelen-Recycling zu betreiben?

Nicht erst seit Anbruch des Neuen Zeitalters häufen sich die Aussagen von Menschen, die zu wissen glauben, daß es eine Höhere Macht gibt, die uns trotz Tod und Sterben wieder und wieder auf die Bühne des Lebens stellt, selbst wenn der Große Intendant persönlich uns rausgeschmissen hat: Zugaben ohne Ende.

Diese hoffnungsvolle Auffassung von Leben, Sterben und Wiedergeborenwerden lehnt sich eng an den hinduistischen Glauben an. Die Hindus haben die Theater-Theorie nämlich noch weiter ausgebaut. Sie sagen, der Mensch fange beim Bau ganz unten an, als schlechtbezahlte Knallcharge ohne Text, arbeite sich langsam zur ersten Sprechrolle hoch, um irgendwann, inzwischen zum großen (Lebens-)Künstler gereift, seinen ganz großen Auftritt zu haben. Bei den alten Griechen gab's selbst in diesem Stadium noch eine Steigerung: Aufnahme in den Olymp als *Gott*. (Aus dieser Zeit rührt auch die vielgebrauchte Metapher «Spielen wie ein junger Gott».)

Vielleicht ist die spirituelle Existenz des Menschen aber weniger mit einem Schauspieler als mit einem Schriftsteller zu vergleichen. Die Parallelen sind offensichtlich: Auch als solcher begönne er mit äußerst dürftig bezahlten Aufträgen, arbeite sich langsam empor zum ersten, zweiten, dritten Sachbuch, um schließlich Bestseller für Bestseller zu verfassen. Und was die Berufung in den Olymp angeht: Selbstverständlich läßt es sich auch «schreiben wie ein junger Gott». (Ich, zum Beispiel, kriege doch allerhand zu sehen, da oben!)

Doch die Welt steckt voller Zweifler. Hartnäckig hält

Shirley
MacLaine

sich der desillusionierende Irrglaube, mit dem physischen Tod des Individuums sei auch dessen psychische und jede andere gleichwie geartete Existenz beendet. Am Beispiel einer in den siebziger Jahren recht populären Frau möchte ich deshalb das Gegenteil beweisen: Wiedergeburt ist kein Hirngespinst, sondern Realität.

Gertrude Wirschinger wurde in Österreich geboren. Ihre Eltern und auch ihre Verwandten und Bekannten hätten die aufgeweckte Trudi gern in einem ehrbaren Beruf gesehen, etwa als derb fluchende Fiakerkutscherin oder als zentralfriedhöfelnde Leichenfrau oder als ewig Wein kredenzende Beisel-Kellnerin. Doch wie das Leben so spielt – es kam alles ganz anders.

Gertrude wurde nämlich Sängerin, arbeitete sich fleißig durchs umfangreiche Heurigenlieder-Repertoire ihrer Nation, stieg dann um auf Songs mit etwas lebensbejahenderem Inhalt, bis sie, wie man so sagt, «entdeckt» wurde, und zwar von dem Münchener Textschreiber Dr. Michael Kunze. Dieser erkannte ihr Talent, markanten Melodien durch enervierende Schreie noch mehr Profil zu verleihen. Daß Gerti sich dabei auch noch anmutig zu bewegen verstand, ließ keinen Zweifel zu: Ein Star würde geboren werden. So weit, so gut.

Es begab sich aber, daß einem der unstudierten Freunde Kunzes, dem Komponisten Sylvester «31. Dezember» Levay, die Idee gekommen war, in Anlehnung an das alte deutsche Volkslied «Maikäfer, flieg» ein ähnliches Werk dem Rotkehlchen zu widmen: «Fly, Robin, Fly» hieß das aus Etat-Gründen sparsam instrumentierte Liedchen, das Gertrude – marktgerecht hieß sie nunmehr «Penny McLean» – zusammen mit zwei anderen Goldkehlchen singen durfte.

Um eine kurze Geschichte noch kürzer zu machen: Das Damen-Trio landete seinen ersten (und letzten) Nummer-eins-Hit. Dann begann Gerti – pardon, Penny – eine Solo-Karriere anzustreben. Eben noch mit «Lady Bump» einen mittelschweren Disco-Kracher gehabt und passend dazu eine neue Tanz-Masche (den «Bump») etabliert, da verschied, bildhaft gesprochen, die rothaarige Popsängerin auf dem – nun ja – Zenit ihres Erfolges: Ihr einstiger Entdecker, Michael Kunze, hatte genug rotes Haar gesehen, um ein ambitioniertes Buch über Hexen (und deren gleichnamige Verbrennung) zu schreiben; die bundesdeutschen Disco-Besucher kürten flugs eine andere Sangeswachtel zu ihrer Favoritin; und Penny, jetzt wieder Gertrude, klappte, zu Tode betrübt, den Deckel ihres Sarges zu und verschied. Friede ihrer Masche!

Aber die schon zitierte Höhere Macht war's noch nicht zufrieden. Gertrude Wirschinger alias Penny McLean mußte wiedergeboren werden. Diesmal aber nicht in einem Krankenhaus, auch nicht in einem Tanzpalast, nein; ein Energie-Zentrum war's, in dem die W. sich wiederfand. Dieses und andere «Energie-Zentren in Ordnung zu bringen», wurde fortan ihre Lebensaufgabe. Über «bodenständige Esoterik» schreibt Gertrude/Penny, wann immer ihr ihre Reinigungsarbeit dazu Zeit läßt. Und Hits sind Gertrude auch in ihrem zweiten Leben vergönnt: Gleich ihr erstes, autobiographisch angehauchtes Buch «Kontakte mit deinem Schutzgeist» wurde ein Erfolg. (Eigentlich müßte es ja «Sch*m*utzgeist» heißen, in Anlehnung an Gertrudes ordnende Hand.)

So und nicht anders ist es zu verstehen, wenn Menschen behaupten, schon einmal, mehrmals, gelebt zu haben und nach ihrem jeweiligen Tod – noch ’ne Metapher: «Tausend Tode sterben» – wiedergeboren worden zu sein. Wer durch Hypnose eine Reise ins Ich unternimmt, wird sehr bald feststellen: Wir sind alle schon mal dagewesen. Auch wenn Ihnen heute nicht mehr bewußt ist, woher Sie sich kennen, wo Sie sich schon einmal gesehen haben – das Gefühl, nicht so verdammt vergänglich zu sein, ist doch sehr beruhigend, oder?

Da sehe ich Sie gedankenversunken in irgendeinem Büro in irgendeiner Stadt sitzen und irgendeinen langweiligen Job tun. Das heißt, eigentlich sollten Sie ihn tun, aber die Lektüre dieses spannenden Buches hat Sie wieder mal alles um sich herum vergessen lassen. Sehen Sie mal: Jetzt tippt Ihnen jemand mit dem Finger auf die Schulter: Huch, es ist der Chef/die Chefin!

Was Sie nun zu hören kriegen, von wegen Schlafen am Arbeitsplatz, nicht fürs Träumen bezahlt werden, wohl gestern zu spät ins Bett gekommen und so weiter, das brauchen Sie sich nicht gefallen zu lassen. Erinnern Sie sich doch einfach einer Ihrer Herkünfte: Gut möglich, daß Sie vor gut 2000 Jahren als Kleopatra, die schöne Nilkönigin, lebten. Oder als Jeanne d’Arc, die schon damals gegen Unterdrückung ins Feld zog. Oder Sie existierten als Mata Hari und verstanden sich prächtig darauf, männliche Vorgesetzte mal zum Plaudern, mal zum Schweigen zu bringen. (Maggie Thatcher, deren Durchsetzungsvermögen jetzt angebracht wäre, können Sie, leider, noch nicht gewesen sein. Vielleicht beim nächstenmal.)

Daß Sie als graue Büromaus im 20. Jahrhundert wiedergeboren wurden, ist sicher mehr als nur eine Laune des Schicksals. Offenbar Vorbestimmung: Möglicherweise sollen Sie jetzt Ihrem Boss die Meinung sagen («Wie reden Sie eigentlich mit der gewesenen Geliebten des großen Cäsar?»), um anschließend gekündigt und dadurch Ihrer tatsächlichen Bestimmung in diesem Ihrem Leben zugeführt zu werden. Nach all Ihren geschichtsträchtigen und aufregenden Existenzen als Herrscherin im alten Ägypten, Freiheitskämpferin in Frankreich sowie indische Geheimagentin im Dienste der britischen Krone versuchen Sie's ja vielleicht mal 'ne Nummer kleiner: Ein Leben als Karteileiche im Arbeitsamt hat auch seine Reize.

ESSEN MIT ASTRALLEIB UND SEELE: VON DER HALBWERTZEIT DER VOLLWERTKOST

Käse, Schinken, Eier und jede Menge schwarzen Kaffee zum Frühstück, hm? Tellerweise Bohneneintopf mit fettem Räucherspeck zu Mittag, wie? T-Bone-Steak, schön blutig, und 'n paar Pullen Bier als Abendessen, ja? Und da wagen Sie zu behaupten, Sie würden sich ernsthaft auf ein Leben im Neuen Zeitalter vorbereiten?

Rauchen Sie meinetwegen, soviel Sie wollen. Der erste New Age-Nichtraucherklub ist, soviel ich weiß, noch nicht gegründet. Trinken Sie, wenn's Ihnen Spaß macht, Ihre Leber zu Stein. Nur ändern Sie, um Himmels willen, Ihre Ernährungsgewohnheiten: Was hab ich davon, wenn Sie schon auf Seite 74 den Eßlöffel abgeben? Nichts. Genau wie Sie: Dann haben Sie sämtliche Esoterik-Lektionen in diesem Buch umsonst gepaukt – selber schuld.

Lassen Sie's lieber nicht soweit kommen. Mens sana in corpore sano – in einem gesunden Körper (wohnt) ein gesunder Geist. Ihre fett- und eiweißreiche Nahrung aber macht Sie krank. Was wird Ihr Geist dazu sagen?

Sich vollwertig zu ernähren ist ein Gebot der Stunde. Ihr 20töpfiges Arsenal von Tiegeln, Brätern und Pfannen wandert am besten unverzüglich auf den Sperrmüll. Von nun an kommt kein Fleisch mehr auf Ihren Tisch. Äpfel, Nüß und Mandelkern sind viel gesünder.

Du bist, was du ißt – wollen Sie Ihr Leben lang nur ein Wattebrötchen sein? Sagen Sie selbst: Haben Sie den geschmacklosen Plastikfraß nicht schon lange satt? Warum ernähren Sie sich dann von nun an nicht auch mit einer gesunden Mischung aus so fremd anmutenden Dingen wie Seitan, Kuzu, Tofu, Miso, Mebosi, Goma Sio; alles mit einem Schuß gut abgestandener Soja-Milch abgeschmeckt. (Das genaue Rezept entnehmen Sie bitte dem Computer-Kochbuch No. 1 der «Enterprise». Garzeit: 2,5 Minuten.)

Seh ich Sie da Ihre Nase rümpfen und sich angewidert schütteln? Klar, Sie stehen noch unter Kulturschock. Aber Sie werden sich schon noch daran gewöhnen, um jeden Supermarkt und um jedes nichtvegetarische Restaurant einen Bogen zu machen. Vakuumverpackt und von einer würzigen, aber undefinierbaren Geruchsmischung umweht, warten die Posten auf Ihrem Speisezettel in den mit Bienenwachs eingelassenen Holzregalen der Naturkostläden...

Hmm, so ein Schluck zapffrische Demeter-Milch ist doch wirklich etwas Leckeres. Die schmeckt so frisch, daß man glaubt, live am Euter der Kuh zu nuckeln. Mit einer organisch-biologisch-dynamischen Frage geht's weiter: Wußten Sie, daß in der Bundesrepublik Jahr für Jahr ungefähr 40 Milliarden Mark für die medizinische Behandlung unserer – auch Ihrer – Völlerei aufgewendet werden müssen? Was sind da zwofuffzich für einen Liter naturreine Milch?

Zugegeben, es dauert ein bißchen, bis sich beim Verzehr von Naturkost das beliebte Sättigungsgefühl einstellt. Und es hält auch nicht lange an: Die Halbwertzeit vieler Vollwertprodukte liegt deutlich unter der jener Pampe, mit der Sie sich noch bis vor kurzem den Magen gefüllt haben. Zehn Körner aus garantiert pestizidfreiem Anbau vertreiben den Hunger gerade mal für ein paar Minuten. Aber nach dem Genuß von fünf Doppelkorn vergeht mindestens ein halber Tag, ehe man sich wieder nüchtern fühlt.

DIE KUNST, IN DEN STERNEN ZU LESEN: IHR PERSÖNLICHES HOROSKOP FÜR DIESES BUCH

Eigentlich wollte ich Ihnen in diesem Kapitel einiges über den Einfluß der Sterne auf das menschliche Sexualleben erzählen; zum Beispiel wie die Gestirne Sie an bestimmten Tagen noch erotischer auf das andere Geschlecht wirken lassen oder wie Sie durch ihre Hilfe Ihrem Partner einen Orgasmus nach dem anderen schenken können. Aber ich vermute, das alles interessiert Sie nur am Rande. Für Sie als durchgeistigten Menschen ist es wahrscheinlich wichtiger, mehr über die theoretischen Hintergründe der Astrologie zu erfahren.

Astrologie ist die Kunst, Wesen und Schicksal eines Menschen aus Gestirnstellungen zu deuten. Nur – wer beherrscht diese Kunst? Wer kann mit Fug und Recht von sich behaupten, auf du und du mit den zwölf Tierkreiszeichen zu sein, und wer findet sich zurecht in den zwölf Häusern, die, um die Sache noch komplizierter zu machen, zusätzlich Auskünfte über Persönlichkeit, Familienleben sowie heimliche Wünsche und Sehnsüchte der betreffenden Person geben?

In den Vereinigten Staaten verdienen gut 10000 professionelle Sterndeuter ihr täglich Brot mit Horoskopen. Zu ihren prominentesten Kunden zählen Nancy und Ronald Reagan. (Eigentlich logisch: Wer als Präsident «Star Wars»-Programme propagiert, dürfte auch privat für diese Materie aufgeschlossen sein.)

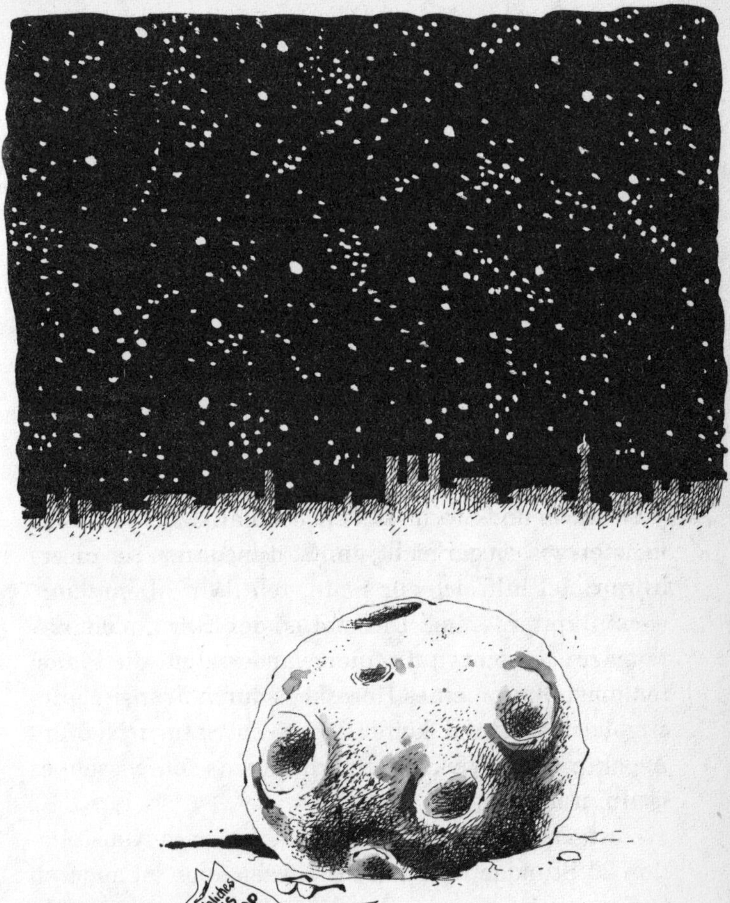
Jhr persönliches
GLÜCKS
HOROSKOP

Doch nicht nur für die amerikanischen Vertreter der «Zukunfts-Zunft» («Der Spiegel») scheint sich die Beschäftigung mit dem Stand der Sterne zu lohnen. «Die Sterne machen Sie reich», verspricht hierzulande «Jupiter – das deutsche Astrologie-Magazin» und sagt seinen Lesern auch gleich, wie: «Nehmen Sie die Spielbank aus!»

Seitdem zittern allerorten Croupiers um ihre Zukunft: Die Mitarbeiter der Zeitschrift errechnen nämlich «Ihren Glückstag, geben Ihnen das Spielkapital» – reihenweise werden die bundesdeutschen Spielkasinos pleite gehen. Oder gelten die «Jupiter»-Prognosen auch für das benachbarte Ausland (z. B. Monte Carlo)?

Chancen und Sterne stehen jedenfalls gut, denn «die meisten wissen gar nicht, daß Fortune ihnen besonders beim Spiel hilfreich zur Seite steht. Vor allem dann, wenn Jupiter (Anm.: Diesmal ist der Stern, nicht das Magazin gemeint) auf seiner Wanderschaft die Planetenkonstellation eines Horoskops durch Transite günstig bestrahlt und keine negativen Saturn/Neptun-Aspekte diese Wirkung einschränken.» Zu wissen, es ist Jupiter...

Übrigens, jene Glückspilze, auf die diese Konstellation 24 Stunden lang zutrifft, dürfen auch an anderen Orten mit Fortunas tatkräftiger Unterstützung rechnen: Günstlinge der Sterne, die es nicht in ein Kasino zieht, «kaufen an diesem Tag für ein Spottgeld einen unbedeutenden Acker und entdecken wenig später eine wertvolle Thermalquelle darauf». Warum so bescheiden, liebe «Jupiter»-Redaktion: Es könnte doch auch eine Ölquelle sein?!

Der Jammer an der Astrologie ist, daß sich heutzutage jeder, der auch nur ein Buch darüber gelesen hat, als Astrologe bezeichnet. Bloß gut, daß Sie mich haben: Ich schreibe immerhin darüber! (Kurze Selbstauskunft: Der Autor wurde im Sternzeichen Fische geboren, sein Aszendent ist Steinbock.) So wird es Sie kaum überraschen, daß ich von Zeit zu Zeit selbst das Teleskop in die Hand nehme und – natürlich nur für den Hausgebrauch – zwischen dem Kleinen Koala-Bären und dem Großen Kinder-Wagen hindurch auf die kommenden Ereignisse hier unten auf der Erde schiele. Meine Beobachtungen für jenen Tag, an dem Sie dieses Buch erstmals lesen, möchte ich Ihnen nicht vorenthalten…

Widder (21. März bis 20. April)

Venus thront auf Ihrer Sonne und verursacht private Spannungen. Trotzdem danken Sie Ihrem Buchhändler auf den Knien, daß er Ihnen dieses hochinteressante Werk in die Hand gedrückt hat: Endlich, endlich erfahren Sie, was Sie schon immer über Esoterik und das Neue Zeitalter wissen wollten. Doch Vorsicht, mit dem negativen Neptun, Ihrem einzigen astralen Widersacher an diesem Tag, ist nicht zu spaßen! Vielleicht klingelt Ihre beste Freundin und will sich ausgerechnet Ihren neuen Lieblings-Schmöker ausleihen.

Stier (21. April bis 20. Mai)

Auf den ersten Seiten hält Sie noch ein beschwerender Saturn davon ab, den Ausführungen des Autors bedenkenlos Glauben zu schenken. Leben, streben, beben, geben – das alles bereitet Ihnen noch viel Mühe. Doch dann, etwa ab Buchmitte, zeichnen sich Entspannungsmomente ab. Merkur, unterstützt von einem ausgesprochen positiven Neptun, räumt Ihre Zweifel endgültig beiseite und läßt Sie Harmonie und Frieden aus jedem einzelnen Satz herauslesen.

Zwillinge (21. Mai bis 21. Juni)

Sie sind wirklich zu beneiden: Ihre Venus ist mindestens so neutral wie die Schweiz (wenn auch nur für die Dauer dieses einen Tages). Konkret bedeutet das, daß Sie zu den wenigen Lesern dieses Buches zählen, die es verstehen, sich seinen Inhalt zunutze zu machen. Also wird Ihre Ernährung in Zukunft vollwertig sein, Ihre Füße werden nach Spaziergängen über glühendheiße Kohlen nicht eine einzige Brandblase aufweisen, und die Magie der Pyramiden wird Ihnen die Kraft geben, tapfer bis zur letzten Seite durchzuhalten.

Krebs (22. Juni bis 22. Juli)

Manches deutet darauf hin, daß Sie vor einem neuen Lebensabschnitt stehen. Gerade klingt der Einfluß des negativen Jupiter ab, der Sie viel zu lange irregeleitet hat. Meterweise haben Sie einschlägige New Age-Literatur verschlungen, nur um herauszufinden, daß die

Seele an einem ganz anderen Platz sitzt: Bekanntlich tickt das kecke Ding im kleinen Zeh, dort und nirgendwo anders.

Löwe (23. Juli bis 23. August)

Schlechte Nachrichten: Ihren geharnischten Leserbrief verbrennen Sie am besten gleich wieder – der große Jupiter steht nämlich in Opposition zu Uranus, und an solchen Tagen riskiert man lieber nichts. Versuchen Sie es doch mal mit Charme und Einfühlungsvermögen. Backen Sie dem Autor eine leckere Torte (mit viel Marzipan, wenn's geht!), schicken Sie ihm eine Einladung zu einer ganz persönlichen Aussprache. Denn ein argwöhnischer Mars beobachtet Ihr Tun!

Jungfrau (24. August bis 23. September)

Der etwas negative Mond/Neptun-Aspekt will Sie dazu animieren, all das, was heute anliegt, gründlich zu tun. Wollten Sie nicht eben Ihre Lektüre beiseite legen, aufstehen und zur Arbeit eilen? Fahren Sie Ihrem guten Merkur nicht in die Parade! Möglicherweise ist es für Ihr Fortkommen günstiger, wenn Sie mal einen Tag blaumachen und dafür einiges für Ihr Seelenheil tun: lesen, lesen, lesen – aber bitte ausschließlich in diesem Buch.

Waage (24. September bis 23. Oktober)

Geld kommt auf Sie zu! Weil sekundäre Einflüsse von Mars und Saturn vorübergehend Ihr Gemüt umwölkten, glaubten Sie, sich etwas Gutes tun zu müssen. So kauften Sie dieses Buch. Doch wie gesagt, der heutige Tag wird dennoch glücklich für Sie enden. Kaum sind Sie zu Hause angekommen und wollen auspacken, da kriegen Sie einen Anruf – es ist jemand von Ihrem Buchladen. Der Chef persönlich, erfahren Sie, hat das Traktat inzwischen durchgeblättert, dessen Schändlichkeit auf Anhieb erkannt und ist bereit, den Kauf rückgängig zu machen. Den Kaufpreis kriegen Sie erstattet! (Frau Venus erhebt sich über Frau Sonne und grinst sich eins.)

Skorpion (24. Oktober bis 22. November)

Auch Sie gehören zu den wenigen Glücklichen, die aus einem Buch, über das andere nur lachen können, handfesten Vorteil ziehen. Für den Fall, daß sie heute abend noch reizenden Besuch bekommen, ist Neptun Ihr Verbündeter. Fängt nämlich der Tisch, den Sie für ein improvisiertes gemeinsames Diner decken, zu wackeln an, so könnte ein gewisses Buch Ihre in Gefahr geratene Romanze im letzten Moment retten – als Stütze für ein lockeres Tischbein.

Schütze (21. November bis 21. Dezember)

Ein lustbetonter Uranus hockt schon seit Tagen auf der Sonne und läßt Sie wieder einmal zwischen Extremen schwanken: Lese ich nun zum drittenmal meinen ollen Simmel, oder verschaffe ich mir die gewünschte Langeweile durch dieses komische New Age-Buch, das ich heute auf dem Nachhauseweg in der U-Bahn fand? Sie zögern noch? Uranus rät zum Studium des ominösen Findlings!

Steinbock (22. Dezember bis 20. Januar)

Jupiter meint es gut mit Ihnen. Er schickt Ihnen eine ganze Meute sogenannter guter Freunde (und -innen!) auf eine kleine Spontan-Party vorbei. Nachdem der Kühlschrank geplündert, der Weinkeller geleert und Ihre kostbare Frank Sinatra-Plattensammlung verkratzt ist, drückt Ihnen Ihr wohlmeinender Stern-Gefährte ein taschenbüchernes Etwas in die Hand. Schon nach der ersten halben Seite, die Sie laut vorlesen, haben's Ihre Bekannten plötzlich furchtbar eilig. Hab Dank, lieber Jupiter!

Wassermann (21. Januar bis 19. Februar)

Ruhig Blut, Sie werden Ihr Ziel schon erreichen! Merkur verhilft Ihnen zu einem kühlen Kopf. Lesen Sie also nochmals in Ruhe die Gebrauchsanleitung: Gerät auspacken. An die Steckdose anschließen. Verbindung prüfen. Roten Knopf drücken, gleichzeitig das zu vernichtende Papiergut an der obersten Raste ansetzen und – na bitte: Schon verhackstückt Ihr funkelnagelneuer Aktenvernichter genüßlich dieses dusselige New Age-Buch!

Fische (20. Februar bis 20. März)

Ein aufregender Tag steht Ihnen bevor: Erst ohrfeigt der kriegerische Mars den friedliebenden Jupiter quer durchs ganze Sonnensystem, was in Ihnen ein unbändiges Interesse an allem, was irgendwie mit Hokuspokus zu tun hat, auslöst. Dann streiten auch noch Mond und Venus so laut miteinander, daß man es bis zum fernen Pluto hören kann: Eine plötzliche Eingebung veranlaßt Sie, die Buchabteilung eines großen Kaufhauses aufzusuchen. Schließlich geraten noch Saturn und Merkur aneinander: Sie wissen nicht, was Sie tun, als Sie sich an der Kasse wiederfinden und ein mit einem hübschen bunten Umschlag versehenes Büchlein kaufen, dessen Covermotiv ein paar verdutzt dreinschauende Leutchen rings um eine Wahrsagerkugel sitzend zeigt. Schreck, laß nach, eine/r davon sind ja *Sie*…

NEULICH BEIM WAHRSAGER: DER ZUKUNFT INS GURKENGLAS GEGUCKT

Mehr noch als den Astrologen mißtrauen sogenannte «seriöse» Wissenschaftler der Gilde der Wahrsager und Kartenleger. Aber entspringt dieses Mißtrauen wirklich immer nur sachlicher Kritik? Oder ist es möglich, daß gewisse Kreise einfach nicht darüber hinwegkommen, daß es Menschen gibt, die für ihre Art geistigen Broterwerbs weder ein Studium noch eine Professur benötigen, sondern lediglich ein Goldfischglas oder einen Satz Spielkarten, aber damit ein ähnlich hohes Einkommen erzielen? Ich bin dieser schwierigen Frage nachgegangen und habe mich, stellvertretend für Sie, lieber Leser, in die Höhle des Löwen gewagt: Ich war zu Besuch bei einem richtigen Wahrsager! Doch lesen Sie selbst...

«Achim Futuro sieht für Sie in die Zukunft: Gesundheit – Liebe – Beruf – Lottozahlen – der große Meister hört alles, sieht alles, weiß alles und sagt Ihnen alles. Telefonische Anmeldung unter...»

Die Anzeige in der Tageszeitung klang recht vielversprechend. Vor Freude wäre ich fast an die Decke gesprungen, als mir die rauchige Frauenstimme am Telefon kurzfristig einen Termin für eine Audienz beim «Meister» gab: Um Punkt 14 Uhr, also schon in einer knappen halben Stunde, sollte ich im Refugium dieses Herrn Futuro auf der Matte stehen. So kurzfristig, wie war das möglich? Er war doch sicher ein vielbeschäftigter Mann?

Pünktlich zur genannten Zeit klingelte ich an einer der unzähligen Türen in einer der tristen Mietskasernen im unterprivilegierten Viertel unserer Stadt. Was erwartete mich hinter dieser Tür? Und was erwartete *ich* hinter dieser Tür? Wenn Futuro wirklich hellsehen konnte – und bis zum Beweis des Gegenteils mußte ich davon ausgehen –, wenn er also wirklich die Zukunft – Jessas, meine Zukunft! – sehen konnte, egal, ob durch

Bruno de Raltzi
Wahrsager
Ihre Zukunft
5 Jahre 200.-
10 Jahre 500.-
20 Jahre 1000.-
Pensionisten zahlen die Hälfte!

eine gläserne Kugel oder in schlichtem Kaffeesatz, dann würde er ja vielleicht bereits wissen, in welcher Absicht ich zu ihm kam: Ich, der Autor dieses Buches, plante, Achim Futuro, der sich selbst einen «Meister» nannte, als New Age-Scharlatan zu entlarven!

Ich klingelte ein zweites Mal. Das zigeunerhaft gekleidete Weib, das mich mit einem heiseren Kichern eintreten ließ, erkannte ich sofort wieder als die Stimme am Telefon. Aber dort hatte sie viel jünger geklungen, als sie in Wirklichkeit aussah.

Ihr wirr herabhängendes, mit silbernen Fäden durchzogenes Haar, ihr lückenhaftes Gebiß und ihr gebückter Gang verliehen ihr ein zweifelhaftes Aussehen. Huch, da saß ja eine schwarze Katze auf ihren Schultern! Gespenstisch funkelte mich das Biest mit seinen grünen Augen an...

«Sie brauchen keine Angst zu haben», kläffte die Alte, und wieder war da dieses unheimliche Kichern. «Das ist nur eine Stoffkatze!»

Ich war verblüfft.

«Ei-eine Stoff-, eine Stoffkatze, sagen Sie?»

«Genau», sagte sie. «Unsere Kunden bestehen auf solche Details. Den meisten kann's gar nicht gruselig genug zugehen!»

Ich nickte, und tat so, als ob mir diese Erklärung einleuchtete: Soso, eine Stoffkatze!

Nun war ein langer Flur zu durchschreiten, den zu beiden Seiten ein Gebirge aus alten Zeitungen und Zeitschriften säumte – alles Fachlektüre, die der Meister sicher in seinen wenigen freien Stunden studierte. Für einen Moment wollte mir dieser offensichtliche Wissensdurst des «Meisters» imponieren. Ich selbst lese ja so allerhand, um hinterher so interessante Bücher wie dieses zu schreiben.

Schließlich blieben wir vor einer schwarzgestrichenen Tür stehen. Die Alte klopfte, aber nicht so, wie man normalerweise an eine Zimmertür klopft. Es schien eine Art Geheimzeichen zu sein: tock – tock-er-die-tock – tock. Hätte uns Alfred Hitchcock aufgemacht, ich wäre kein bißchen überrascht gewesen. Doch es war nicht Hitchcock, der öffnete. Es war Achim Futuro.

«Kommen Sie doch bitte herein!»

Dieser erste Satz, den ich von Futuro zu hören bekam, stellte mich keineswegs zufrieden. So hätte mich auch mein Arzt, mein Verleger oder mein Psychiater in die gute Stube bitten können. Soviel stand fest: Ich würde mir diesen Burschen und sein seltsames Refugium vorknöpfen! Dazu war ich fest entschlossen.

Futuro war, wie man so sagt, ein Mann mittleren Alters. Nicht besonders groß, auch nicht besonders klein, überhaupt wirkte er in keiner Weise irgendwie besonders. Das einzig Auffallende an ihm war sein kohlrabenschwarzes Haar, über das er sich ständig mit dem kleinen Finger seiner rechten Hand strich.

Ich hatte keine Zeit mehr, um darüber nachzudenken, ob sein Schopf wohl gefärbt war. Futuro bot mir einen Stuhl an, zündete sich – sehr menschlich, sehr weltlich – eine Zigarette («New Age Filter») an. Dann entspann sich folgender Dialog:

«Sie möchten also, daß ich einen Blick in Ihre Zukunft werfe?»

«Deshalb bin ich hier, Herr Futuro.»

«Bitte, nennen Sie mich nicht bei meinem bürgerlichen Namen. Sagen Sie einfach nur ‹Meister› zu mir.»

«Wie Sie wünschen, Meister.»

«Darf ich fragen, wie Sie auf mich gekommen sind? Eine Empfehlung vielleicht?»

«Nein, ich habe Ihre Anzeige gelesen, Meister. Ich will aufrichtig zu Ihnen sein: Ich bin sehr skeptisch, was Ihre angebliche Fähigkeit, in die Zukunft zu sehen, angeht.»

«Skeptisch zu sein ist Ihr gutes Recht. Ich bin dennoch zuversichtlich, daß Sie Ihre Meinung im Verlauf unserer Sitzung ändern werden.»

«Wir werden sehen. Das heißt, Sie werden sehen. Nämlich in meine Zukunft. Und eins vorweg: Von mir kriegen Sie überhaupt keine persönlichen Angaben. Wer und was ich bin, müssen Sie schon selbst herausfinden. Nur soviel sei verraten: Nächsten Samstag werde ich dreißig, ich habe eine Frau, einen Sohn und eine Tochter. So, jetzt können Sie meinetwegen anfangen.»

(Wieder strich sich Futuro in der beschriebenen Weise übers Haar. Bedächtig tat er einen letzten Zug an seiner Zigarette, um sie dann in einem fünfeckig geformten Aschenbecher auszudrücken.)

«Sehen Sie diese Kugel hier? Das ist das Medium, mit dem ich in Ihre Zukunft blicken werde.»

«Was, dieses umgestülpte Gurkenglas soll ein Medium sein?»

«Warum nicht? Wenn man gerade kein Fernglas zur Hand hat... Ein Kollege von mir verwendet übrigens ein Goldfischglas, jedoch nur, weil einer seiner Verwandten ein Zoogeschäft besitzt. Glauben Sie mir, dieses Glas hat mir immer gute Dienste geleistet. Und das Wichtigste: es ist sauber geputzt.»

(In dieser Beziehung mußte ich dem «Meister» recht geben. Schon lange war mir kein so blank gewienertes Gurkenglas mehr untergekommen, und in meinem Job bekommt man täglich eine Menge Gurkengläser zu sehen! Achim Futuro hielt seine Hände mit gespreizten Fingern wenige Zentimeter über das Glas.)

«Dann wollen wir mal sehen... Ah, ich sehe, Sie sind 29 Jahre alt. Stimmt das?»

«Stimmt!»

«Und Sie sind verheiratet, nicht wahr?»

«Stimmt auch!!»

«Und Sie haben zwei Kinder.»

«Stimmt!!!»

«Ich sagte Ihnen doch, Sie würden Ihr Urteil im Verlauf unserer Sitzung revidieren müssen. Wo früher Gewürzgurken der Handelsklasse A, ‹Holsteiner Art›, herumschwammen, lese ich jetzt Ihre Vergangenheit und Zukunft wie aus einem Buch!»

(Er hatte so eine eigenartige Betonung auf das Wort «Buch» gelegt. Ob Futuro etwas ahnte oder, schlimmer noch, gar sah? Ich mußte plötzlich an das Honorar für mein nächstes Buch denken und wollte mehr über meine finanzielle Zukunft erfahren.)

«Sagen Sie, Meister, wie sieht's denn in nächster Zeit finanziell bei mir aus? Ich meine, letzte Woche war die Miete fällig...»

«Haben Sie denn Einkünfte zu erwarten?»

«Das will ich meinen! Mein Verleger muß endlich mit der ersten Honorarhälfte rüber!»

«Ja, richtig, da seh ich's ja auch schon: Sie schreiben, schreiben – ja, was nur? – schreiben ...»

«... Bücher!»

«Genau: Bücher!»

«Faszinierend, daß Sie auch das wissen. Und Sie lesen das wirklich alles in diesem Gurk... – verzeihen Sie, in Ihrem magischen Medium, ehrwürdiger Meister?»

«In meinem magischen Medium, ganz recht. Aber Sie müssen ihm wirklich nicht andauernd seine profane Vergangenheit vorwerfen. Wir wollen doch lieber vorwärts, in die Zukunft sehen, oder?»

«Sie haben recht. Noch mal zurück zu meinen Finanzen. Mein Banker wird langsam ungeduldig. Sehen Sie denn keinen warmen Geldregen auf mich herabrieseln? Kein Glück im ‹Bild›-Bingo? Kein Lottogewinn?»

«Lotto! Sagten Sie eben: Lotto? Immerzu wollen die Menschen von mir die Lottozahlen wissen. Bin ich denn Frau Tietze?»

«Na ja, Meister, immerhin sind Sie Wahrsager!»

«Gut, Sie sollen die Zahlen der nächsten Ausspielung erfahren. Aber wie immer ohne Gewähr! Tippen Sie: 50 – 53 – 62 – 71 – 78 – 95. Zusatzzahl: 82. Haben Sie das?»

«... zwei-und-acht-zig. Hab ich. Aber sagen Sie, Meister, wenn Sie schon die Lottozahlen im voraus wissen, warum spielen Sie dann nicht selbst und gewinnen jede Woche eine freundliche Million und mehr?»

«Was glauben Sie, was ich jahrelang getan habe? Natürlich habe ich gewonnen, Woche für Woche. Geld, Gold, ein sorgenfreies Leben – all das hab ich gehabt. Aber soll ich Ihnen sagen, was dann passiert ist?»

«Ich brenne darauf, es zu erfahren, Meister!»

«Man hat mich disqualifiziert. Wegen Vorteilsnahme im Amt! Genau wie mein Kollege, von dem ich Ihnen erzählt habe.»

«Ach, der mit dem Goldfischglas?»

«Genau. Leute wie wir dürften nicht mehr mitspielen, hieß es. Alles schon im voraus zu wissen, sei unfair, hieß es. Na ja, ich will mich nicht beklagen. Mir bleibt ja noch meine Pension.»

(Für einen Moment herrschte betretenes Schweigen. Hatte ich den Menschen hinter dem Wahrsager entdeckt? Futuro hatte ein Schicksal hinter sich! Ich fühlte, ein Zeichen setzen zu müssen.)

«Das – das tut mir wirklich leid für Sie. Ich meine – ich meine – ich glaube, ich muß Ihnen ein Geständnis machen...»

«Geständnisse sind immer gut. Schießen Sie los!»

«Um ehrlich zu sein: Eigentlich bin ich nur hierhergekommen, um Sie und die ganze Hellseher-Blase gehörig in die Pfanne zu hauen.»

«Sieh mal einer an!»

«Doch dann, als ich merkte, daß Sie wirklich wahrsagen können, ich meine, als Sie genau wußten, daß ich nächsten Samstag dreißig werde, eine Frau, einen Jungen und eine Tochter habe...»

«...kurzum: Sie derzeit 29 Jahre und verheiratet sind und zwei Kinder haben...»

«...ja, genau. Also, jetzt weiß ich, daß meine Ansicht über Wahrsager falsch war.»

«Und was denken Sie jetzt über unsereins?»

«Ich denke, daß Sie gut mit ehemaligen Gurkengläsern umgehen können. Daß Sie mehr über Ihre Klienten wissen, als diese über sich selbst. Und daß es hundsgemein ist, daß man Sie nicht mehr Lotto spielen läßt.»

«Es freut mich, daß Sie Ihre Meinung über meinen Berufsstand geändert haben. Wenn Sie keine weiteren Fragen mehr haben, können wir die Sitzung vielleicht als geschlossen betrachten.»

«Nur eines noch, Meister: Wieviel bin ich schuldig?»

«Och, nicht der Rede wert. *Ich* nehme doch kein Geld von einem Mann wie Ihnen. Aber wenn Sie die Güte hätten, diesen System-Tippschein bei der nächsten Lotto-Annahmestelle aufzugeben und auch gleich zu bezahlen? Ich habe ihn nämlich auf den Namen meiner Bürogehilfin ausgestellt. Kostet nur eine Kleinigkeit: 200 Mark. Bitte um Barzahlung an der Tageskasse!»

«Aber mit dem allergrößten Vergnügen, Meister. Vielen Dank auch! Und weiterhin guten Blick, oder wie man bei Ihnen sagt!»

Obwohl ich mit Frau Lot weder verwandt, verschwistert oder verschwägert bin, drehte ich mich nicht um, als ich Futuros Wohnung verließ. Mein lieber Scholli, in dem Mann hatte ich mich schwer getäuscht! Ihnen, lieber Leser, kann ich nur sagen: Vergessen Sie alles, was neunmalkluge Wissenschaftler gegen Wahrsager und andere Seher vorbringen. Die Leute sind schon okay, glauben Sie mir. Und daß die Zahlen, die mir der «Meister» vorhergesagt hat, dann doch nicht gezogen wurden, nehme ich ihm nicht krumm. Wahrscheinlich haben die bei der Lottozentrale davon Wind gekriegt und das System umgestellt.

Als «meine» Zahlen gezogen werden sollten, war jedenfalls schon bei Nummer 49 Schluß...

Der aktuelle New Age-Verbrauchertip

Sicher möchten auch Sie gerne wissen, was die Sterne mit Ihnen vorhaben. Doch Computer-Astrologie-Prognosen läßt man nicht irgendwo erstellen – schweben Sie lieber gleich zum Fachmann! In seinen früheren Leben war der Diplom-Psychopath Detlef Jürgen Ulrich Raffke zunächst Weiser aus dem Morgenland, sodann Entdecker der Tagundnachtgleiche, nur sehr vorübergehend Alchemist am Hofe Ludwigs XIV. und schließlich Bauernfänger von Hameln. Heute arbeitet der in Presse, Funk und Fernsehen unbekannte Spezialist für außersinnliche und übergewöhnliche Phänomene auch für *Sie*.

COUPON

Frisch aus eigener Programmierung:

○ **Karma:**	**Was war ich?** (½ Seite)	nur 199,– DM
○ **Charakter:**	**Wie bin ich?** (½ Zeile)	nur 299,– DM
○ **Horoskop:**	**Was werd' ich?** (300 Seiten)	nur 399,– DM

Gewünschtes bitte ankreuzen. Folgende Angaben werden benötigt:
– Geburtsdatum
– Höhe des Netto-Einkommens
– Bankverbindung (Einzugsermächtigung)
Exklusiv für Sie wird Detlef Jürgen Ulrich Raffke seinem Daktari-Homecomputer per Taste den Druckbefehl erteilen.
Raffke Computer-Prognosen: Ihre Zukunft ist schon programmiert!

Beinprothesen
en gros - en detail
günstig
SONDER-
ANGEBOTE

FIREWALKING: KÜHLE SOHLEN AUF HEISSEN KOHLEN

Wenn's dem Esel zu wohl wird, geht er aufs Eis. Anders der zur Selbsterfahrung entschlossene New Age-Jünger: Soll es ihm mal so richtig warm um Herz und Füße werden, muß er wenigstens einmal in diesem Leben auf brennenden Kohlen laufen, gehen oder tanzen: Firewalking heißt eine der spektakulärsten Disziplinen der Psychotechnik, eine von begeisterten Vergeistigten glühend verehrte Methode zur Selbstfindung. Viele sind von den Segnungen des Feuerlaufens derart überzeugt, daß sie jederzeit bereit sind, dafür durchs Feuer zu gehen. Zeigt her eure Füße, legt ab eure Schuh – an ihren Sohlen sollt ihr sie erkennen, die wahren und echten, feuerfesten New Ager: Gelobt sei, was keine Brandblasen macht!

Materialisten jammern schon, wenn sie sich nur einen Sonnenbrand holen. Spiritisten dagegen sind härter im Nehmen: Welch grenzüberschreitendes Erlebnis, wenn möglich wird, was alle für unmöglich halten: Spielen mit dem Feuer und trotzdem unversehrt vom Rost steigen! Da verstummen sogar neunmalkluge Wissenschaftler, die immerzu Fragen beantworten, die ihnen niemand gestellt hat: Über glühende Kohlen marschieren sei gar nichts Besonderes; der Mensch könne durchaus kurzfristig große Hitze ertragen... So, kann der Mensch das? Dann rauf mit euch allen auf die ach so harmlose Glut, ihr Besserwisser und Ungläubigen!

Wissende Esoteriker machen sich nichts aus solchem

Gewäsch. Sie nehmen sich die Inder zum Vorbild: Take a walk on the fried side. (In Indien freilich hat das Feuerlaufen noch eine andere Funktion. Dort hilft es dem hygienebewußten Fakir bei der allsamstäglichen Reinigung der heiligen Treter von Fußpilz und Schmutz – ein weiterer Grund, warum Firewalking auch für europäische Gehwerkzeuge sehr zu empfehlen ist.)

Anfänger tun gut daran, Feuerlaufen erst in kleinen Schritten zu erproben. Wer zu Hause eine Fußbodenheizung hat, darf als Fortgeschrittener gelten. Wen dagegen eine Zen-Tralheizung mit konventionellen Heizkörpern verweichlicht hat, sollte sich jedem Kohlenhaufen nur mit Bedacht nähern.

Betrachten wir das Medium Kohle einmal etwas näher.

Die meisten von uns dürften unter «Kohle» weniger den fossilen Brennstoff als vielmehr ein umgangssprachliches Synonym für «Zahlungsmittel» verstehen. Mit dieser Definition liegen Sie gar nicht mal so falsch, denn in der Regel muß, wer diese Form von Bewußtseinserweiterung an den eigenen Füßen verspüren will, für die Teilnahme an einem Firewalking-Seminar bezahlen. Allein auf dem heimatlichen Holzkohlegrill oder in der Mikrowelle bringt's das Hitzetrotzen nämlich nicht, wie sachkundige Kohlenhändler glaubhaft versichern.

Nur in einer Gruppe von Gleichgesinnten, sagen sie, verspüre das Individuum die Schwingungen (und den Mumm), die notwendig sind, um sich auf das gefährliche Brikett zu wagen. Außerdem verursache die Bereitstellung der Kohlen für das flammende Inferno, die Krankenwagen und das Erste-Hilfe-Material weitere

Kosten, die natürlich gedeckt sein müssen. Also bitte, lieber angehender Feuerläufer, unterlassen Sie, in Ihrem eigenen Interesse, die Eigenbräterei. Um wirklich feuerfest zu werden, müssen Sie schon zusammen mit dem einen oder anderen Heißsporn auf den Grill.

Wie wär's mit einem Trockenkurs: Besorgen Sie sich etwa einen Zentner Eierkohle, um sich daheim in aller Ruhe mit dem Brennmaterial vertraut zu machen. Schaffen Sie Platz im Wohnzimmer, und kippen Sie den Urstoff einfach auf den Teppich. Im einstudierten Yoga-Sitz (Grundstellung) ertasten Sie sodann dieses besondere Medium, Stück für Stück. O göttliche Macht, die in dir schlummert! Vermagst du auch mir die Grenzen meines Daseins aufzuzeigen, sie mich zu überwinden helfen, kaum daß dich der Flamme rote Zunge geleckt?

Nur zu, ziehen Sie einfach mal Schuhe und Strümpfe aus, bauen Sie eine kleine Kohlenstraße vor sich auf, und dann – eben mal schnell darüberflaniert: Hurra, es funktioniert! (Bitte verfallen Sie nicht gleich in Euphorie, wenn Sie nun feststellen, daß Ihre Füße nicht die Spur einer Brandblase aufweisen, schließlich war die Kohle weder entzündet noch glühendheiß.)

Sollten Sie aber bei Ihrem kleinen Selbstversuch kalte Füße bekommen, nicht verzagen! In vielen Städten werden spezielle Firewalking-Kurse angeboten, wo die Meister des Feuerlaufens ihre Kunst zwar nicht selbst vorführen – das haben sie ob ihrer Meisterschaft nicht nötig –, doch sie können Ihnen in allen Einzelheiten lebhaft schildern, was man auf so einem Feuermarsch empfindet. Nach einer solchen ausführlichen Unterweisung brauchen Sie eigentlich nichts weiter zu tun, als das Gelernte in die Tat umzusetzen, was Ihnen um so leichter fallen wird, wenn Sie vorher noch einen Kursus in Naturheilkunde absolvieren. Alsdann: Feuer frei, und drauf auf die Kohle!

Fazit: Feuerlaufen ist das ideale High-Spirit-Event für Leute, die schon alles selbst-erfahren haben. Allenfalls die nächstschwierigere Stufe könnte noch reizvoller sein: Fire*sitting*.

WÜNSCHEL DIR WAS: WIE MAN WASSER- UND ANDERE GELDQUELLEN AUFSPÜRT

Nicht jeden populären New Age-Humbug hat die Wissenschaft mit abfälligen Bezeichnungen wie «Scharlatanerie», «Schwachsinn» oder «Unfug» bedacht. Für das nach jahrhundertelanger Pause wieder in Mode gekommene Wünschelrutengehen ließ man sich sogar ein richtig seriös klingendes Wort einfallen: Radiästhesie, was freilich für den Einsatz der Wünschelrute ausschließlich zu *medizinischen,* nicht zu kommerziellen Zwecken steht. Soviel verbaler Respekt hat natürlich seine Gründe: Es ärgert promovierte Akademiker zwar ungemein, wenn irgendein dahergelaufener Wurzelsepp ihrer Schulweisheit mittels eines hölzernen Prügels ein Schnippchen schlägt; aber zugleich fasziniert es sie auch, wenn dabei etwas Vernünftiges herauskommt. Wasser oder Mineralien, zum Beispiel.

Wie die meisten «übersinnlichen» Techniken verur-

Neue Geldquellen…

...kann man selbstverständlich auch mit der Wünschelrute aufspüren. Aber was nützt es schon, wenn die vor einer Bank ausschlägt? Alles und gar nichts!

Alles, weil insbesondere bei Hypothekenbanken und Landesbanken altbewährte Geldquellen wie Pfandbriefe und Kommunalobligationen immer wieder neu sprudeln; gar nichts, weil Sie den Weg dorthin auch ohne Haselnußstecken finden werden.

Pfandbrief und Kommunalobligation

Meistgekaufte deutsche Wertpapiere - hoher Zinsertrag - bei allen Banken und Sparkassen

Verbriefte Sicherheit

sacht auch das Wünschelrutengehen seinen Anhängern keine unbezahlbaren Kosten. Um etwa auf die Suche nach einer unterirdischen Wasserader zu gehen, genügt Anfängern wie Fortgeschrittenen ein simpler, gegabelter Haselnußzweig, ferner guter Glaube, Geduld und etwas Glück. Schlägt dann nach langer Begehung eines Areals endlich die Spitze des Zweiges nach unten aus, heißt es buddeln, graben, bohren: Irgendwas ist da unten – nur was?

Wer als mittelloser Rutengänger auszieht, kann, ohne eine einzige Wasserquelle, ein Mineralvorkommen, ein Magnetfeld oder auch nur ein Gummibärchenlager aufgespürt zu haben, als reicher Rutengänger wieder heimkehren. Es gibt sogar VHS-Kurse, die diese Kunst lehren. Ehe die Hobby-Rutisten selbst auf die Pirsch gehen dürfen, wird in Reih und Glied auf vielversprechendem Terrain probegesucht: mal in der Nähe der städtischen Wasserwerke, mal zu Hause vor dem Waschbecken. Übung macht den Meister!

Gerade weil auf diese Technik nicht hundertprozentig Verlaß ist, wünschelt die Amateur-Liga grundsätzlich nur gegen Festhonorar und Vorauskasse, gleichgültig, ob man nun fündig wird oder nicht.

Höchstens noch die echten Wünschel-Profis, die Asketen und Naturburschen (seltsamerweise findet man hier kaum Frauen), arbeiten noch auf Erfolgsbasis. Aber in einem Metier, in dem es in erster Linie ums Aufspüren neuer Geldquellen geht, muß soviel solides Geschäftsgebaren fast schon wieder unseriös erscheinen.

Wäre so eine Mischung aus Handwerker, Geologe und Spiritist nicht auch etwas für Sie? Nur keine

Bange: Schon Moses klopfte mit seinem Stab auf einen Stein. Und siehe, er fand Wasser. Was dieser brave Mann, der von New Age und Esoterik jedenfalls keine Ahnung hatte, in der staubtrockenen Wüste fertigbrachte, dürfte auch für Sie in unseren nicht gerade wasserarmen Breiten kein Problem sein.

TISCHLEIN, RÜCK DICH: KNIGGE FÜR SPIRITISTISCHE SITZUNGEN

Zu den wohl interessantesten Begegnungen der spiritistischen Art zählen all die tiefgeistigen Gespräche, die kommunikationsfreudige Esoteriker mit Wesen aus dem Jenseits führen. Fürchtet euch nicht – das einzig Unheimliche daran ist die Redseligkeit der lieben Dahingeschlichenen. Haben sie erst mal zu quasseln angefangen, hören sie garantiert so bald nicht wieder auf. Mal tun sie uns ihre aufschlußreichen Botschaften theatralisch in Form von «übersinnlichen Erscheinungen» kund (aber nur, damit die «Bild-Zeitung» was zu schreiben hat); mal radebrechen sie ganz konventionell über Mittel- und Langwelle im Radio – oder auf rückwärts abgespielten Tonbändern und Schallplatten, was die Sache etwas verkompliziert. Die Möglichkeiten der neuen Medien, scheint es, haben die Toten zur Kontaktaufnahme mit den Lebenden noch nicht entdeckt...

Heißt das, daß man dem Redefluß der anderen Seite kaum Einhalt gebieten kann? Nun, die Geister, die ich

Der aktuelle New Age-Verbrauchertip

Neil Armstrong, der erste Mensch auf dem Mond, kannte es leider noch nicht, das *Original-Luna-Mondkissen* aus kostbarem Natur-Kunststoff für behagliches Lümmeln im Neuen Zeitalter.

Das neuartige *Original-Luna-Mondkissen* bietet seinem Be-Sitzer ungewöhnlich viele Vorteile, denn es ist

- gleichermaßen für den Einsatz drinnen und draußen geeignet,
- vielseitig verwendbar (z. B. zum Lesen, Schlafen, Meditieren),
- in einer großen Anzahl geschmackvoller Farben erhältlich.

Hinzu kommt sein gleichbleibend hoher Qualitätsstandard dank kostengünstiger Großserienproduktion in Fernost.

Original-Luna-Mondkissen gibt es schon ab 95 Mark; mit aufgenähten oder gestickten Motiven (Tierkreiszeichen oder beliebige Symbole) ab 195 Mark. Der Weg zu Ihrem nächsten *Luna-Mondkissen*-Händler bedeutet nur einen kleinen Schritt für Sie, aber einen großen Schnitt in Ihren Geldbeutel!

rief, wurde ich auch immer wieder los (notfalls las ich ihnen eben ein paar pikante Stellen aus ihrer eigenen Biographie vor). Doch für die Gebühreneinheiten dieser privaten Talk-Shows mußte ich stets selbst aufkommen. Kein billiges Vergnügen, wie man sich denken kann: Von drüben nach hüben geplauscht wird nämlich grundsätzlich nur in Form von R-Gesprächen. Das geht ins Geld!

Ich brauche kein Hellseher zu sein, um zu wissen, daß auch Sie schon lange scharf auf einen kleinen Schwatz mit der höheren Welt sind. Na gut, Sie haben dieses Buch gekauft (oder es sich etwa nur ausgeliehen?), also kriegen Sie zur Belohnung auch einige wertvolle Tips für das Gelingen einer spiritistischen Sitzung, wie Sie im (Taschen-)Buche steht. Sie sind doch auf eine zünftige Séance vorbereitet, ja?

Nein, sind Sie nicht, wie ich sehe – wie schaut es nur wieder in Ihrem Wohnzimmer aus! *So* wollen Sie Besucher aus dem Jenseits zum Meinungsaustausch empfangen? Ich dachte, Sie wüßten, daß zum Tischrücken ein bißchen mehr gehört als nur Neugierde. Schlagen wir mal nach im «Knigge für höfliche Okkultisten». Da steht zum Beispiel auf Seite 666:

1. Der rücksichtsvolle Geisterbeschwörer wird zur Ausübung seiner Kunst die Gardinen vorziehen oder die Rolläden herunterlassen. Ungläubiger Nachbarn Augen brauchen nicht zu sehen, welch seltsame Dinge im Hause vorgehen.

Falls Sie in Ihrer Umgebung bereits als notorischer Spökenkieker verschrien sind, können Sie diesen Rat-

schlag getrost vergessen. In der Nachbarschaft wird man höchstens denken, daß Sie und Ihre absonderlichen Freunde wieder eine dieser verrückten Parties zelebrieren.

2. Man besorge einen kleinen runden Tisch aus massivem Holz, dessen Bein sich unten dreiteilt. Eiche wäre schön, Mahagoni stilvoll, Sperrholz ordinär.

Tja, der handbemalte Eßtisch mit Resopalplatte aus der WG-Küche, so nützlich er sonst auch sein mag, ist für eine Geisterbeschwörung doch ein wenig unpassend. Beachten Sie bitte ferner, daß auf dem Tisch keinerlei Gegenstände liegen dürfen (Ausnahme: Tarot-Karten). Ihren original nachgedruckten «Beibab» dürfen Sie ausnahmsweise für die Dauer der Sitzung beiseite legen.

3. Die Wesen des Jenseits scheuen das elektrische Licht!

Licht aus, Räucherstäbchen raus! Für dezente Atmosphäre sorgen. Als einzige Lichtquelle erlaubt sind Wachskerzen aus biologisch-natürlichem Anbau. (Nur Banausen holen die Christbaumbeleuchtung aus dem Keller.)

4. Stilvolles Geplauder mit stilvollen Geistern erfordert stilvolle Bekleidung.

Bitte werfen Sie sich dem Anlaß entsprechend in Schale (Schwarz paßt immer). Nur weil Sie Ihre Gesprächspartner nicht sehen können, bedeutet das noch lange nicht, daß Sie nicht von ihnen gesehen werden. Und sollte es zu laut werden, was bei schwerhörigen Fragern leicht der Fall sein kann, und die Polizei Ihrer Runde einen Besuch abstattet, so machen Sie wenigstens optisch einen seriösen Eindruck.

5. Beginne und beende eine Sitzung nie zu früh oder zu spät.

Zum besseren Verständnis: Mal eben zum Frühstück zwischen Morgengymnastik und Cornflakes tischgerückt, zeugt zwar von einer gewissen Lässigkeit Ihrerseits, leider aber auch von geradezu peinlicher Instinktlosigkeit: Glauben Sie denn, Sie wären das einzige Subjekt, mit dem sich die andere Seite zu befassen hat? Schlagen Sie sich bitte Ihre Vision eines spiritistischen Frühschoppens aus dem Kopf. Wer weiß, vielleicht ist es drüben am Vortag spät geworden – wie gesagt, sie sind dort recht mitteilsam –, und Ihr potentieller Gast pennt bis in die Puppen. (In dieser Beziehung unterscheiden sich die Geister nicht von real existierenden Wesen.)

Besser, Sie versuchen's erst gegen Abend. Da ist es erstens gruseliger (haben Sie schon mal im Fernsehen eine zur Mittagszeit abgehaltene Séance gesehen?), und zweitens kommen sie dann in den Genuß des günstigeren Nachttarifs. Ach, und noch etwas: Nehmen Sie sich für den Rest des Abends nichts vor. Denn seine Gäste so auf die Schnelle rauszuekeln, nur weil um zehn die Sportschau beginnt, wäre nicht nur gegenüber tatsächlich oder rein zufällig lebenden Personen unhöflich.

6. Deine Gesprächspartner aus dem Jenseits wähle mit Bedacht!

Das ist typisch für unsere Zeit: Jeder Spiritist will unbedingt mit einem prominenten Gast plaudern. Was glauben Sie, wie oft der arme Napoleon Auskunft über seine Niederlage bei Waterloo geben muß, der englische König und Kreuzfahrer Richard Löwenherz für seinen damaligen arabischen Gegenspieler Saladin zu dolmetschen hat oder Egon Erwin «Schreib das auf!» Kisch von der Chefredaktion des «Stern» um ein paar brauchbare Reportagen aus dem Jenseits gebeten wird?

Soviel öffentliches Interesse hat die Geister publikumsscheu werden lassen. So öffnet die als Stargast jeder spiritistischen Sitzung vielgefragte Marilyn Monroe ihren berühmten Schmollmund längst nicht mehr für jeden; James Dean, wortkarg wie eh und je, repariert lieber in Ruhe seinen leicht unfallbeschädigten Porsche Spyder, als nächtelang mit okkultistisch angehauchten 911-Fahrern Benzingespräche zu führen; und bei Literatur-Macho Ernest Hemingway brauchen Sie gar nicht erst anzuklingeln: Da ist sowieso ständig belegt (ich selbst hab's erst letzte Nacht vergeblich probiert).

Lassen Sie die ollen Geister in Frieden. Wenden Sie sich einfach mal an den Geist irgendeines Normalsterblichen. So einer freut sich über jeden netten Anruf und gibt gern Auskunft über dies und das. (Etwa, in welchem Bankschließfach der alte Geizkragen Lehmann, der letztes Jahr so plötzlich verstarb, seine Pfandbriefe und Industrieobligationen liegen hat.)

7. Dein Medium sei die Karte oder das Alphabet.

Offen gestanden, Karten als Medium für eine spiritistische Sitzung können Sie vergessen – Hitler kannte kein Tarot. Mit Angehörigen der höheren Welt kommunizieren Sie am besten per Alphabet, dessen Buchstaben Sie langsam hersagen: A, B, C, D, E, F, G – N, E, W, A, G und E – «New Age»!.

Sobald Ihnen einer Ihrer Tischnachbarn einen Schubs gibt, sprich, der Geist sich zu Wort meldet, wird der Buchstabe, den Sie zuletzt ausgesprochen haben, notiert. So erfahren Sie nach und nach die Nachricht, die Ihnen der Geist übermitteln möchte. Eventuell unverständliche oder nur keinen Sinn ergebende Begriffe wie «Rtzuiop» oder «Jklöäyx» deuten entweder auf eine Fremdsprache hin, oder aber, daß Sie versehentlich Kontakt zu einer ehemaligen Schreibmaschine hergestellt haben – Anfängerpech!

8. Der Klang von Musik vermag die Tür nach drüben zu öffnen.

Nicht zu früh gefreut: Ihre heißgeliebten «Modern Talking»-Platten sind schwerlich zur Gesprächsuntermalung geeignet. Geister sind in dieser Beziehung leider recht konservativ. Spielen Sie doch ein paar stimmungsvolle Gregorianische Choräle. Geister sind keine Unmenschen. Meistens erbarmen sie sich schon nach zwei, drei Stunden und fragen höflich an, ob man nicht vielleicht zur Abwechslung einen swingenden Glenn Miller auflegen könnte – und Sie standen schon kurz vor einem Schreikrampf...

9. Bedenke, nicht ein jeder ist berufen, die Stimmen der höheren Welt zu vernehmen.

Deshalb sollten Sie die Leute, die ihre Füße unter Ihr magisches Möbel setzen, mit Sorgfalt auswählen. Zweifler, sosehr sie auch um Teilnahme betteln, sind für eine solche Runde nicht zu gebrauchen. Hier wird gefälligst geglaubt, was auf den Tisch kommt! (Die Besserwisser unter den Lesern hegen sowieso spätestens seit Kapitel 2 den nicht unbegründeten Verdacht, in einem dieser alles verhohnepipelnden Satire-Bücher gelandet zu sein.)

Zum Tischrücken sollten sich immer Menschen beiden Geschlechts zusammentun. Der besondere Reiz einer solchen Veranstaltung liegt nicht zuletzt darin, daß die Teilnehmer, sollten die Geister wider Erwarten keinen vernünftigen Satz von sich geben, nach Tisch auch das Bett miteinander teilen können, wobei sie sich, wenn es darin unterhaltsam zugehen soll, weniger zugeknöpft als ihre Interviewpartner geben dürfen. (Im Gegensatz zum dreibeinigen Tisch darf die Stätte horizontal ausgeführter spiritistischer Handlungen vier Füße haben.)

10. Wahre die Geheimnisse, die dir von drüben zuteil werden!

Falls Sie von Beruf Klatschreporter/in sind, werden Sie auf so manch gute Story verzichten müssen, so Sie sich keinen Ärger mit der anderen Seite einhandeln wollen. Don't sit and tell – weil Okkultisten auch eine Art Beichtväter der Toten sind, unterliegen sie der absoluten Schweigepflicht. Selbst wenn Sie Ihre einschlägigen Erlebnisse zu Papier bringen wollten – wer würde Ihren Ausführungen Glauben schenken? Aus einem solchen Stoff machen clevere Verleger allenfalls Satire-Bücher!

So, das wär's. Wenn Sie jetzt noch den Schlummertrunk kredenzen und etwas Holz im Kamin nachlegen wollten, damit es endlich losgehen kann... Wie, Sie haben überhaupt keinen Kamin zu Hause? Na, fürs erste Mal genügt auch ein improvisiertes Lagerfeuer auf dem Teppichboden. Schlimmstenfalls können Sie, falls Ihnen die herbeigerufenen Geister auf den Geist gehen, Ihr Tischleinrückdich zu Kleinholz verarbeiten und verheizen.

DIE WAHRHEIT ÜBER UFOS (UND HERRN DÄNIKEN): WIR SIND NICHT NUR VON DIESER WELT

Sicher nimmt Sie die spirituelle Beschäftigung mit Ihrer Persönlichkeit voll in Anspruch, aber vielleicht können Sie es trotzdem ermöglichen, ein wenig Energie für die Belange anderer Wesen abzuzwacken – für Wesen, die immerhin die Strapazen einer weiten Reise auf sich nehmen, um den Menschen und ihrem blauen Planeten von Zeit zu Zeit einen Besuch abzustatten: Die UFOs sind über uns!

Halt, rufen Sie nicht gleich die Polizei/Feuerwehr/

Löwenbändiger. Nur weil die kleinen grünen Männchen eine Vorliebe für spektakuläre Auftritte haben – es heißt, sie kreuzen am liebsten auf fliegenden Untertassen (?) über die Milchstraße –, braucht man sich doch nicht vor ihnen zu fürchten.

Wenn «Flashdance»-Komponist Giorgio Moroder mit seinem 16-Zylinder-Ungetüm «Cizeta-Moroder V16 T» auf dem Hof des Motor Presse Verlages in Stuttgart zur Landung ansetzt, laufen zwar die «Auto, Motor und Sport»-Redakteure zusammen, aber nicht, um in panischer Angst dem Ende der Motorwelt entgegenzuzittern, sondern um die gut 320 km/h schnelle Flunder einem ausführlichen «ams»-Test zu unterziehen. Realistisch oder nicht – über die Ergebnisse wird alsbald ausführlich im Heft berichtet.

Nichts anderes tut der Bestseller-Autor Erich von Däniken, der als Kapazität auf diesem Gebiet (dem Bestsellerschreiben) gilt: Auch er berichtet von Dingen, die ein wenig über unsere Möglichkeiten hinausgehen. Seine mitunter recht gewagten Theorien und Spekulationen über die Besucher aus dem All («Wir alle sind Kinder der Götter») komprimiert er geschickt zu auflagenstarken Büchern – oder raucht sie, nicht minder erfolgreich, genüßlich in der eigenen Pfeife («Habe ich mich geirrt?»). Das verdrießt natürlich die Verfechter der «Es gibt überhaupt keine UFOs»-Riege, deren Veröffentlichungen sich unerklärlicherweise in der UFO-Szene eines weit weniger starken Interesses erfreuen.

Das UFO-Phänomen ist inzwischen etwas so Alltägliches geworden, daß es an der Zeit ist, über eine neue Bezeichnung dafür nachzudenken. Der irreführende

GLASPERLEN!?!

Begriff «Unbekanntes Flug-Objekt» hat seine Existenzberechtigung jedenfalls verloren, denn diese Art Flugobjekt ist dem überwiegenden Teil der Bevölkerung keineswegs mehr unbekannt. Ebenso vermag jedes vor einem Fernseher oder Videorecorder aufwachsende Kind einen «Tornado» der Bundeswehr von einer fliegenden Untertasse zu unterscheiden: Die Jungs aus dem All fliegen nämlich nicht so tief, und sie machen auch nicht soviel Krach.

UFOs – gibt es sie, oder hat sich von Däniken tatsächlich geirrt? Ich kann Sie beruhigen: Es gibt sie, und von Däniken hat sich nicht geirrt. Obgleich bis zur Entdeckung von «Bravo» bei so manch adoleszentem Erdbewohner Zweifel darüber bestehen, ob die Babies vom Storch oder auf natürliche Weise zur Welt gebracht werden, steht eines für sie bereits im Vorschulalter unumstößlich fest: E. T., Alf und Mork vom Ork sind einfach zu beknackte Figuren, um in unserem Sonnensystem geboren worden zu sein. Mr. Spock ist übrigens derselben Meinung.

Der aktuelle New Age-Verbrauchertip

WIR SUCHEN LESER, DIE GERN REISEN

...nämlich tief in ihr Innerstes. Die Kunst des Entspannens macht's möglich: YOGA.

Durch unsere GRATIS-YOGA-Kassette können Sie bereits nach 30 Minuten das Wort «YOGA» fehlerfrei aussprechen – kein übler Start für Leute, die YOGA bis vor ein paar Sekunden noch für gegorene Milch hielten. Das ausgereifte Lehrmaterial unseres Kurses umfaßt übrigens so viele Kassetten wie das Jahr Tage hat: 365, jeden Monat eine. Auf diese Weise machen wir Sie innerhalb von 30 Jahren zum YOGA-Profi (und uns zu reichen Leuten). Überzeugen Sie sich selbst – wir können es nicht.

(Wenn Sie sich entschlossen haben, das neue 365teilige YOGA-GRATIS-Angebot nicht anzunehmen, lesen Sie bitte diesen Brief.)

Lieber «Die Seele tickt im kleinen Zeh!»-Leser,

als Mitglied im Kosmischen Beirat von Mahatmasantulana bin ich etwas enttäuscht.

Warum nimmt nicht jeder Yoga-Interessierte unser Angebot an? Warum schreiben uns in der Regel nur 15 von 1000 Lesern? Können die übrigen 985 etwa nicht schreiben? Unser Institut bietet auch Grundkurse für Analphabeten.

Haben Sie Probleme, das Wort «Mahatmasantulana» in einem Rutsch auszusprechen? Offen gestanden, auch meine Beirats-Kollegen und ich brauchten etwas Zeit, bis uns unser eigener Firmenname ohne Stolpern über die Zunge wollte. Aber zum einen hat unsere Marktstudie ergeben, daß der Konsument bei einem YOGA-Kurs Wert auf einen komplizierten, indisch klingenden Namen legt, und zum anderen läßt sich so was mit etwas Übung und gutem Willen hinkriegen: Ma-hat-ma-san-tu-la-na – immerhin hat dieses Wort weniger Silben, als unser Werbe-Etat Nullen hinter der Eins. Oder befürchten jene 985 Leser möglicherweise, daß unser Angebot nicht wirklich kostenlos ist? Nun, ich versichere Ihnen, daß Sie die oben abgebildete Probekassette für den YOGA-Einführungskurs und die wertvolle Mahatmasantulana-Informationsbroschüre absolut kostenlos und unverbindlich erhalten, ebenso unsere allwöchentlichen, standardisierten Erinnerungsbriefe für den Fall, daß Sie zwar schmarotzenderweise unsere GRATIS-Lieferung einsacken, aber nicht für die restlichen 364 Kassetten löhnen wollen.

Meine Kollegen und ich möchten Ihnen zeigen, auf welch einfache Weise man mit Esoterik und New Age Kohle machen kann, und selbstverständlich auch, wie Sie bei uns YOGA lernen – schneller, aber auch teurer, als Sie es sich je erträumten.

Fordern Sie deshalb gleich heute das Mahatmasantulana-GRATIS-Angebot an – bevor wir es uns anders überlegen!

Mit freundlichem Gruß

N. Epp, Beiratsmitglied

FINALE

Gratuliere, noch vor ein paar Stunden wußten Sie nicht einmal, wie man den Namen von Dr. Mörfi richtig schreibt, und jetzt könnten Sie schon selbst ein paar gelehrte Bücher verfassen, soviel haben Sie inzwischen über New Age erfahren. Vorläufig genügt es jedoch, wenn Sie Ihr Scheckbuch vollschreiben. Denn auch das dürften Sie gelernt haben: Das Neue Zeitalter ist eine verdammt kostspielige Epoche! Alles, was einen Wert hat, hat darin seinen (hohen) Preis – oder es taugt nichts.

Vollgestopft mit erstklassigem Fachwissen, dämmert es Ihnen, daß es zwischen Front- und Backcover dieses Buches noch viel mehr Wissenswertes über das Wassermann-Zeitalter geben muß, als «Sorge dich nicht»-Parolen und Power-Pyramiden, spiritistische Sitzungen und Wiedergeburt, Goldfischgläser und Klangkugeln, New Age-Kosmetik und Bio-Licht, Vollwertkost und Firewalking, Astrologie und Radiästhesie.

Wo, fragen Sie sich, bleiben eigentlich Yin & Yang? Wann trete ich an zur Aroma-, Farb- und Ionen-Therapie? Wie bringe ich das stumme «t» in «Tarot» zum Klingen? Welche Ton-Vitamine passen am besten zu meinem Bio-Rhythmus? Und vor allem: Wieviel Geld läßt sich mit dem Verfassen esoterischer Literatur verdienen? Fragen über Fragen, die natürlich eine Antwort verdienen.

Doch nicht so ungeduldig, lieber Leser. Einem Azubi in Sachen New Age sollen esoterische Lektionen stets nur in homöopathischen Dosen verabreicht werden. Sonst kann's zu einem gefährlichen transzendentalen, ganzheitlichen Schluckauf kommen! Außerdem: Autor und Verlag haben mittlerweile erkannt, was für ein gewaltiger Umsatz-Kuchen da* aufs Vernaschen wartet. Deshalb wollen wir unser Backpulver nicht auf einmal verschießen. Damit wir auch morgen noch kraftvoll zulangen können, mußten wir Ihnen leider das eine oder andere Kapitel vorenthalten. Versäumen Sie nicht die Fortsetzung dieses Buches: «Die Seele tickt doch nicht im kleinen Zeh – New Age für *Weggetretene*».

* im Esoterik-Geschäft

tomate

Eine Auswahl

Werner Georg Backert
Heiteres Reiselexikon
Von A wie Abreise bis Z wie Zuhausebleiben (5940)

Uschi Bagnall
Kur-iositäten
Neues von Fango und Tango (12288)

Klaus Budzinski
Treten und nicht treten lassen
Ein Rad-Geber für Freiheitssüchtige (12272)

Eicke Wolfram
Das Pauker-Buch
Erkenne deinen Lehrer und du hilfst dir selbst (12159)

Ludwig Fienhold
Bissiges Gourmet-Lexikon
Schlemmen und Schlürfen von A – Z (12215)

Sigi Harreis
Meine Kinder, meine Fernsehkinder
oder: Samstag ist auch hinterm Haus (12153)

Manfred Hausin
Mit dem Wildbrett vorm Kopf
(5607)
Betteln und Hausin verboten!
Sprüche, Aphorismen, Epigramme (12169)

C 2174/6

tomate

Eine Auswahl

Jost Nickel
Die Entjungferung zu Braunschweig
Intime Texte großer Meister
(12185)

Piem
Die Wahrheit über Fußball
Cartoons (12321)
Die Wahrheit über Tennis
Cartoons (5965)

Kurt Postel
Spottlights
Medien-Mixturen auf Versfuß
(12369)

Klaus de Rottwinkel
Hartkekse für Bundspechte
Cartoons für den Friedensfall
(12175)

Ernst Volland
Mann, siehst du heute wieder klasse aus!
Bildergeschichten
(5653)

Klaus Waller (Hg.)
Ketchup
Ein Humor-Konzentrat
(12353)

Ulrich Winterfeld
Sex-Lexikon
69 eindeutige Ratschläge
(12418)

Hanspeter Wyss
Die Wahrheit über Computer
Cartoons (12319)

rororo Tomate

C 2174/6 b